मास्टर योर इमोशंस

मास्टर योर इमोशंस

नकारात्मकता से उबरने और भावनाओं के उचित प्रबंधन के लिए एक व्यावहारिक गाइड

थीबो मॉरिस

हिंदी में प्रकाशित 2024

ISBN 978-81-8328-624-4

Published by

Wisdom Tree
4779/23, Ansari Road
Darya Ganj, New Delhi-110002
Ph.: 011-23247966/68
wisdomtreebooks@gmail.com

Printed in India

विषय–सूची

यह पुस्तक ही क्यों *vii*

परिचय *viii*

इस पुस्तक का प्रयोग कैसे करें? *xiii*

आपकी निःशुल्क स्टेप–बाइ–स्टेप वर्कबुक *xiv*

भाग–एक

भाव क्या हैं

1. आपकी जीवन बचाव प्रणाली आपके भावों को कैसे प्रभावित करती है 2
2. अहं क्या है 9
3. भावों की प्रकृति 18

भाग–दो

ऐसा क्या है, जो आपके भावों को प्रभावित करता है

4. आपके मूड पर नींद का प्रभाव 37
5. भावों को प्रभावित करने के लिए आपके शरीर का प्रयोग 41
6. भावों को प्रभावित करने के लिए आपके विचारों का प्रयोग 45
7. भावों को प्रभावित करने के लिए शब्दों का प्रयोग 47
8. आपकी श्वास आपके भावों को कैसे प्रभावित करती है 51
9. आपका वातावरण आपके भावों को कैसे प्रभावित करता है 53
10. संगीत आपके भावों को कैसे प्रभावित करता है 54

भाग–तीन

आप अपने भाव कैसे बदल सकते हैं

11. भाव कैसे बनते हैं? 61
12. अपनी व्याख्या बदलें 68

13. अपने भावों को मुक्त करें 73
14. अधिक सकारात्मक भावों को अनुभव करने के लिए अपने मन को कंडीशन करें 80
15. आपके व्यवहार में बदलाव के साथ भावों का बदलाव 92
16. आपके वातावरण में बदलाव के साथ भावों का बदलाव 96
17. नकारात्मक भावों से निपटने के लिए अल्पकालीन और दीर्घकालीन हल 99

भाग—चार

विकसित होने के लिए अपने भावों का प्रयोग कैसे करें

18. भाव आपको उचित दिशा में कैसे ले जा सकते हैं 110
19. अपने भावों को रिकॉर्ड करना 115
20. पर्याप्त अच्छा न होना 119
21. रक्षात्मक रवैया 131
22. तनाव और चिंता 135
23. लोग आपके बारे में क्या सोचेंगे 142
24. नाराजगी 149
25. ईर्ष्या 157
26. डिप्रेशन 163
27. भय/असुविधा 170
28. विलंब करना 174
29. प्रेरणा का अभाव 185

निष्कर्ष *192*
स्टेप—बाइ—स्टेप वर्कबुक *193*
भाग—एकः भाव क्या हैं *194*
भाग—दोः ऐसा क्या है जो आपके भावों को प्रभावित करता है *200*
भाग—तीनः आप अपने भाव कैसे बदल सकते हैं *203*
भाग—चारः विकसित होने के लिए अपने भावों का प्रयोग कैसे करें *210*

यह पुस्तक ही क्यों

अनेक पुस्तकों में भावों के बारे में चर्चा की जाती है कि वे आपके जीवन को किस तरह प्रभावित करते हैं, परंतु वे आपको इस विषय में विस्तार से नहीं बताते कि भाव क्या हैं, वे कहाँ से आते हैं, उनकी भूमिका क्या है या वे आपके जीवन को कैसे प्रभावित करते हैं।

भाव उन जटिल चीजों में से हैं, जिनका प्रबंधन करना आसान नहीं होता, बड़े खेद से कहना पड़ता है कि मैं और आप प्रायः इसकी रहस्यमयी शक्ति के अधीन हो जाते हैं। हम स्वयं को इसके जादू को तोड़ने में अयोग्य पाते हैं क्योंकि ये हमारे जीवन के हर पहलू को प्रभावित करते हुए, इसकी गुणवत्ता तय करते हैं। भाव कैसे काम करते हैं, इन्हें समझ पाने की हमारी अयोग्यता ही हमें हमारा आदर्श जीवन जीने और अपनी पूरी संभावना को साकार करने से रोक सकती है।

इस पुस्तक के अंत तक, आप जान लेंगे कि भाव कैसे काम करते हैं और इससे भी महत्वपूर्ण बात है, आप इनका कहीं बेहतर प्रबंधन कर सकेंगे।

अगर आपको नकारात्मक भावों से जूझने में कठिनाई हो रही है, या फिर आप यह सीखना चाहते हैं कि भाव कैसे काम करते हैं और आप उन्हें निजी विकास के साधन के तौर पर कैसे प्रयोग कर सकते हैं, तो यह पुस्तक आपके लिए है।

परिचय

'मन अपनी जगह पर और अपने–आप में स्वर्ग को नर्क या नर्क को स्वर्ग में बदल सकता है।'

–जॉन मिल्टन, कवि

हम सभी आजीवन तरह–तरह के भावों का अनुभव करते हैं। मुझे यह स्वीकार करना होगा कि इस पुस्तक को लिखने के दौरान, मैंने स्वयं भावों के उतार–चढ़ाव को अनुभव किया। पहले–पहल, मैं इस विचार से उत्साहित और रोमांचित था कि मैं लोगों को एक ऐसी गाइड देने जा रहा था, जो उन्हें उनके भावों को समझने में सहायक होगी। मैंने कल्पना की कि पाठक किस तरह अपने भावों पर नियंत्रण रखना सीखकर अपने जीवन को सुधार सकेंगे। मेरी प्रेरणा का स्तर बहुत ऊँचा था और मैं यह सोचे बिना नहीं रह पाता था कि यह अपने–आप में कितनी कमाल की पुस्तक होनेवाली थी।

या फिर मैं ऐसा सोचता था।

आरंभिक उत्साह के बाद, एक जगह बैठकर वास्तविक पुस्तक लिखने का समय आया और उन्हीं पलों में सारा उत्साह हवा हो गया। पहले मेरे दिमाग को जो विचार अद्भुत लगते थे, वे अचानक नीरस लगने लगे। मेरा लेखन भी नीरस लगने लगा और ऐसा लगा मानो मेरे पास योगदान देने के लिए कुछ भी खास नहीं था।

अपनी मेज पर बैठकर कुछ लिखना रोज एक चुनौती की तरह लगने

लगा। मैं अपना आत्मविश्वास खोने लगा था। अगर मैं अपने ही भावों को नहीं साध पा रहा था, तो भावों पर पुस्तक लिखने वाला मैं कौन था? कैसी विडंबना थी! मैंने सब छोड़ने का मन बना लिया था। इस विषय पर पहले ही बहुत कुछ कहा जा चुका है, मैं और क्यों लिखूँ?

उसी समय, मुझे यह अहसास भी हुआ कि यह पुस्तक मेरे अपने भावात्मक विषयों पर काम करने का एक बढ़िया अवसर हो सकती थी। और ऐसा कौन है, जिसे समय–समय पर नकारात्मक भावों का सामना नहीं करना पड़ता? हम सबके जीवन में उतार–चढ़ाव आते हैं, है न? कुंजी तो यही है कि उस समय हम क्या करते हैं, जब हम खुद को नीचा अनुभव कर रहे हों? क्या हम विकसित होने के लिए अपने भावों का प्रयोग कर रहे हैं? क्या हम उनसे सीख रहे हैं? या फिर हम उनका रोना रो रहे हैं?

तो, आइए अब आपके भावों की बात करें। मैं आपसे यह पूछने के साथ शुरुआत करना चाहूँगा:

आप इस समय कैसा अनुभव कर रहे हैं?

आप कैसा अनुभव करते हैं, यह जानना ही अपने भावों का नियंत्रण हाथ में लेने का पहला कदम है। हो सकता है कि आपने भावों को अपना हिस्सा मानने में इतना समय लगा दिया हो कि अब आप उनसे अपना संपर्क खो चुके हों। शायद आपका उत्तर हो, 'मुझे लगता है कि यह पुस्तक उपयोगी होगी।' या 'मुझे सच में ऐसा लगता है कि मैं इस पुस्तक से कुछ सीख सकता हूँ।' हालाँकि इनमें किसी भी उत्तर से यह पता नहीं चलता कि आप कैसा अनुभव करते हैं। आप 'कुछ ऐसा' या 'कुछ वैसा' अनुभव नहीं करते, बस आप अनुभव करते हैं। आपको ऐसा नहीं लगता कि यह पुस्तक उपयोगी हो सकती है। आप सोचते हैं कि यह पुस्तक उपयोगी होगी और फिर आपके अंदर इसे पढ़ने का उत्साह पैदा होता है। भावनाएँ आपके शरीर में शारीरिक संवेदना की तरह सामने आती हैं, यह आपके मन का कोई विचार नहीं होतीं। शायद 'अनुभव करना' शब्द का बहुत ज्यादा प्रयोग या गलत प्रयोग इसलिए हुआ है, क्योंकि हम अपने भावों के बारे में बात नहीं करना चाहते। तो आप इस समय कैसा अनुभव कर रहे हैं?

भावों के बारे में बात करना महत्वपूर्ण क्यों है?

आप जैसा अनुभव करते हैं, वही आपके जीवन की गुणवत्ता तय करता है। आपके भाव ही आपके जीवन को दुखदायी या फिर सही मायनों में जादुई बना सकते हैं। यही कारण है कि ये उन खास चीजों में से हैं, जिन पर आपको ध्यान देना चाहिए। आपके भाव ही आपके अनुभवों को रंगते हैं। जब आप अच्छा अनुभव करते हैं, तो सब कुछ बेहतर लगने लगता है, हर चीज अच्छी लगने लगती है। आपकी ऊर्जा के स्तर बहुत ऊपर होते हैं और असीम संभावनाएँ दिखने लगती हैं। इसके उलट, जब आप परेशान अनुभव करते हैं, तो सब कुछ बोझिल और उदास लगने लगता है। आपके पास बहुत कम ऊर्जा रह जाती है और प्रेरणा व प्रोत्साहन कहीं नहीं दिखते। आपको लगता है कि आप शारीरिक और मानसिक तौर पर जैसे कहीं उलझ से गए हैं, आप उस जगह पर रहना नहीं चाहते और आनेवाला कल बहुत ही उदास और धुंधला–सा दिखने लगता है।

आपके भाव ही आपके लिए ताकतवर गाइड का काम कर सकते हैं। वे आपको बता सकते हैं कि कहीं कुछ तो गलत हुआ है और वे आपको जीवन में बदलाव लाने की अनुमति देते हैं। वे आपके लिए विकास के सबसे ताकतवर साधनों में से हो सकते हैं।

बड़े खेद से कहना पड़ता है, आपके अध्यापकों या माता–पिता ने आपको कभी नहीं सिखाया कि आपके भाव कैसे काम करते हैं और आप उन्हें अपने बस में कैसे कर सकते हैं। यह भी किसी विडंबना से कम नहीं कि हर चीज के साथ दिशा–निर्देश आते हैं, जबकि आपके मन के लिए ऐसा कोई साधन नहीं मिलता। आपको कभी ऐसा कोई मेन्युअल नहीं मिला, जो बता सके कि आपका मन कैसे काम करता है और भावों के बेहतर प्रबंधन के लिए इसका इस्तेमाल कैसे किया जा सकता है, है न? मुझे तो कभी नहीं मिला। अब तक तो यही संदेह भी था कि ऐसा कुछ होता भी है या नहीं?

आप इस पुस्तक से क्या सीखेंगे?

यह पुस्तक आपको वह सब सिखाती है, जो आपके माता–पिता की ओर से आपको जन्म के साथ ही मिलना चाहिए था। यह वे दिशा–निर्देश हैं,

जो आपको अपने स्कूल में मिलने चाहिए थे। इस पुस्तक में, मैं आपसे वह सब बाटूँगा, जो आपको भावों के बारे में पता होना चाहिए ताकि आप अपने भय और सीमाओं से उबरकर उस तरह के इंसान बन सकें, जो आप बनना चाहते हैं।

आप सीखेंगे कि भाव क्या हैं, वे कैसे बनते हैं और आप उन्हें निजी विकास के लिए कैसे प्रयोग में ला सकते हैं। आप यह भी सीखेंगे कि आप अपने नकारात्मक भावों से उबरकर, अपने मन की कंडीशनिंग करते हुए, और अधिक सकारात्मक भाव कैसे पैदा कर सकते हैं।

मैं यह आशा और अपेक्षा रखता हूँ कि इस पुस्तक को पूरा पढ़ने तक, आपके पास इस बात की पूरी समझ आ चुकी होगी कि भाव क्या हैं और आपके पास वे सभी साधन होंगे, जिनके बल पर आप उन्हें अपने नियंत्रण में लेना शुरू कर सकते हैं। विशेषतौर पर, यह पुस्तक आपको इस तरह मदद करेगीः

- भावों को समझना और जानना कि वे आपके जीवन पर कैसा प्रभाव रखते हैं
- उन नकारात्मक भावों को समझना, जो आपके जीवन को नियंत्रित करते हैं और उनसे पार पाना सीखना
- जीवन का बेहतर नियंत्रण पाने के लिए अपनी कहानी में बदलाव लाना और कहीं बेहतर भविष्य का निर्माण करना, और
- अपने मन को इस तरह नए सिरे से प्रोग्राम करना ताकि आप और अधिक सकारात्मक भावों का अनुभव कर सकें।

आप इस पुस्तक से जो सीखेंगे, उन्हें निम्नलिखित भागों में विभाजित किया गया हैः

पहले भाग में, हम चर्चा करेंगे कि भाव क्या हैं। आप सीखेंगे कि आप नकारात्मकता पर केंद्रित होने लिए वायर्ड क्यों हैं और आप इस प्रभाव को कम करने के लिए क्या कर सकते हैं। आप यह भी देखेंगे कि आपके विश्वास किस तरह आपके भावों पर असर डालते हैं। अंत में, आप सीखेंगे कि नकारात्मक भाव कैसे काम करते हैं और वे इतने पेचीदा क्यों हैं।

दूसरे भाग में, हम उन बातों की चर्चा करेंगे, जो आपके भावों पर प्रत्यक्ष रूप से असर डालती हैं। आप सीखेंगे कि आपके शरीर, विचार, शब्द और नींद जीवन में क्या भूमिका रखते हैं और आप भावों में बदलाव लाने के लिए इनका प्रयोग कैसे कर सकते हैं।

तीसरे भाग में, आप सीखेंगे कि भाव कैसे बनते हैं। आप यह भी सीखेंगे कि आप अपने मन को कंडीशन करते हुए और अधिक सकारात्मक भावों का सामना कैसे कर सकते हैं।

और अंत में, भाग चार में हम चर्चा करेंगे कि आप अपने भावों को निजी विकास के लिए कैसे प्रयुक्त कर सकते हैं। आप सीखेंगे कि आप भय या डिप्रेशन के रूप में भावों का अनुभव क्यों करते हैं और ये कैसे काम करते हैं। फिर आप सीखेंगे कि विकसित होने के लिए इनका प्रयोग कैसे करें।

चलिए, शुरू करते हैं।

इस पुस्तक का प्रयोग कैसे करें?

मैं आपको प्रोत्साहित करूँगा कि आप इस पुस्तक को एकबार पूरा पढ़ लें। इसके बाद, मैं आपसे चाहूँगा कि आप एकबार फिर से उन अध्यायों पर ध्यान दें, जिन्हें आप विस्तार से पढ़ना चाहेंगे।

मैंने इस पुस्तक में कई अभ्यास शामिल किए हैं। हालाँकि मैं यह अपेक्षा नहीं करता कि आप वे सभी अपनाएँ, मेरी आशा यही है कि आप कुछ अभ्यासों को सीखकर अपने जीवन में उतारें। याद रहे, आपको इस पुस्तक से जो अनुभव मिलेंगे, वे इस बात पर निर्भर होंगे कि आप कितना समय और प्रयास देने को तैयार हैं।

अगर आपको लगे कि यह पुस्तक किसी भी तरह से आपके परिवार या दोस्तों के काम आ सकती है, तो उनके साथ इसे बाँटने में झिझक न करें। भाव जटिल होते हैं और मेरा मानना है कि इस विषय की गहरी समझ पाने में यह पुस्तक हम सबकी मदद करेगी।

आपकी निःशुल्क स्टेप–बाइ–स्टेप वर्कबुक

आपको भावों की कला में निपुण बनाने के लिए मैंने एक वर्कबुक तैयार की है, जो इस पुस्तक की साथी गाइड का काम करेगी। मैं आपको इसे निम्न पते से डाउनलोड करने का सुझाव दूँगाः

http://whatispersonaldevelopment.org/master-your-emotions

इसके अलावा, यदि आप चाहें, तो पुस्तक के अंत में दी गई वर्कबुक का भी प्रयोग कर सकते हैं।

भाग–एक

भाव क्या हैं

क्या आपने कभी सोचा कि भाव क्या हैं और कौन–सा उद्देश्य पूरा करते हैं?

इस भाग में, हम यह चर्चा करेंगे कि आपका बचाव तंत्र किस तरह आपके भावों को प्रभावित करता है। फिर इसके बाद चर्चा होगी कि अहं क्या है और यह किस तरह आपके भावों को प्रभावित करता है। अंत में, हम यह देखेंगे कि भावों के पीछे कौन–सा तंत्र काम करता है और यह सीखेंगे कि नकारात्मक भावों से जूझना इतना कठिन क्यों हो सकता है।

अध्याय–एक

आपकी जीवन बचाव प्रणाली आपके भावों को कैसे प्रभावित करती है

लोग नकारात्मकता के लिए पक्षपाती क्यों हैं

आपके मस्तिष्क को उत्तरजीविता या सरवाइवल के लिए बनाया गया है, जिससे पता चलता है कि आप इस पुस्तक को इस समय क्यों पढ़ पा रहे हैं। जब आप इसके बारे में सोचते हैं, तो आपको अहसास होता है कि आपके जन्म लेने की संभावना कितनी कम थी। यह चमत्कार तभी घट सका, जब आपसे पहले की सारी पीढ़ियों को लंबे समय तक स्वयं को बनाकर रखना पड़ा ताकि वे प्रजनन कर सकें। उनकी उत्तरजीविता और प्रजनन करने की तलाश में ही, उन्हें सैकड़ों या हजारों बार मृत्यु का सामना करना पड़ा होगा।

सौभाग्य से, आपके पूर्वजों की तरह, शायद आपको रोज एक नई मृत्यु का सामना नहीं करना पड़ता। असल में, दुनिया के कई हिस्सों में, जीवन कभी भी इससे ज्यादा सुरक्षित नहीं रहा। जी हाँ, आपका उत्तरजीविता तंत्र (जीवन बचाव प्रणाली) या सरवाइवल मैकेनिज्म बहुत अधिक नहीं बदला। आपका मस्तिष्क अब भी संभावित खतरों से बचाव के लिए आसपास के परिवेश की जाँच करता है।

इस तरह, आपके मस्तिष्क के कुछ हिस्से चलन से बाहर हो गए हैं। हो सकता है कि अब आपको किसी शिकारी के हाथों मारे जाने का डर न रहा हो, पर आपका दिमाग अब भी सकारात्मक घटनाओं के बजाय नकारात्मक घटनाओं को प्राथमिकता देता है।

अस्वीकृति का भय ही, नकारात्मकता के लिए झुकाव का एक उदाहरण है। पहले–पहल, जब आपको अपने कबीले से अस्वीकृति का सामना करना पड़ता था, तो आपकी उत्तरजीविता की संभावना बहुत कम हो जाती थी। यही कारण था कि आप अस्वीकृति के संकेतों पर गहरी नजर बनाए रखते और यही आपके मस्तिष्क में हार्डवायर्ड हो गया।

इन दिनों, अक्सर अस्वीकृति होने से आपकी दीर्घकालीन उत्तरजीविता पर कोई असर नहीं होता। हो सकता है कि सारी दुनिया आपसे नफरत करती हो और फिर भी आपके पास एक नौकरी, छत और मेज पर भोजन रखा हो सकता है। फिर भी आपके मस्तिष्क को इसी तरह बनाया गया है कि यह अस्वीकृति को आपकी उत्तरजीविता के लिए खतरे के तौर पर लेता है।

यही कारण है कि दूसरों की ओर से अस्वीकार किया जाना इतना पीड़ादायी हो सकता है। हालाँकि आप जानते हैं कि अधिकतर अस्वीकार बहुत बड़ी बात नहीं होते, पर फिर भी आप भावात्मक पीड़ा का अनुभव करते हैं। अगर आप अपने मन की सुनें, तो आप इसके आसपास एक पूरा नाटक रच सकते हैं। आपको लग सकता है कि आप प्यार पाने के लायक नहीं हैं और एक अस्वीकृति पर कई दिनों या महीनों सिर धुन सकते हैं। इससे भी बदतर, आप इसी अस्वीकार की वजह से अवसाद या डिप्रेशन में भी जा सकते हैं।

असल में, केवल एक आलोचना अक्सर कई सकारात्मक आलोचनाओं पर हावी हो सकती है। यही कारण है कि हमेशा फाइव स्टार रिव्यू पाने वाले लेखक को एक स्टार वाला रिव्यू पाना बहुत बुरा लगता है। जबकि उसे पता है कि इससे उसकी उत्तरजीविता पर कोई असर नहीं होगा, पर लेखक का मन यह मानने को तैयार नहीं होता। उसे लगता है कि

यह नकारात्मक रिव्यू उसके अहं के लिए खतरा है, जिससे भावात्मक प्रतिक्रिया सामने आ सकती है।

अस्वीकृति के भय से ही आप घटनाओं को अति नाटकीय बना देते हैं। अगर आपका बॉस काम के समय आपकी आलोचना करता है, तो हो सकता है कि आपका दिमाग इसे खतरे के तौर पर ले और तब आप सोच सकते हैं, 'अगर मुझे काम से निकाल दिया गया तो? अगर मुझे दोबारा जल्द ही दूसरी नौकरी नहीं मिली और मेरी पत्नी ने भी मुझे छोड़ दिया तो? मेरे बच्चों का क्या होगा? अगर मैं उनसे दोबारा नहीं मिल सका तो?' आप क़िस्मतवाले हैं कि आपके पास इतना असरदार उत्तरजीविता तंत्र है, पर आपका यही उत्तरदायित्व भी बनता है कि आप असली और काल्पनिक खतरों के बीच अंतर करना सीखें। अगर आप ऐसा नहीं करते, तो आपको अनावश्यक पीड़ा और तनाव का सामना करना होगा, जो आपके जीवन की गुणवत्ता को नकारात्मक तौर पर प्रभावित करेगा। नकारात्मकता के लिए इसी झुकाव पर काबू पाने के लिए, आपको अपने मन को री–प्रोग्राम करना होगा। हम मनुष्यों की अनूठी शक्तियों में से एक यह भी है कि हम अपने विचारों के माध्यम से अपने यथार्थ को रच सकते हैं और कहीं अधिक सशक्त तरीके से घटनाओं का विश्लेषण कर सकते हैं। यह पुस्तक आपको सिखाती है कि आप यह काम कैसे कर सकते हैं।

***

एक्शन स्टेप

इस वर्कबुक में दिये गए संबंधित अभ्यास को पूरा करें (*भाग–एक, भाव क्या हैं–एक, नकारात्मकता के लिए पक्षपात*)

***

आपको प्रसन्न रखना आपके मस्तिष्क का काम क्यों नहीं है

आपके मस्तिष्क का जरूरी काम आपको प्रसन्न रखना नहीं है, यह आपकी उत्तरजीविता बनाए रखने के लिए है। इस तरह, अगर आप

प्रसन्न होना चाहते हैं, तो आपको अपने भावों पर नियंत्रण करना ही होगा, केवल यही सोचने से बात नहीं बनेगी कि आप प्रसन्न रहेंगे क्योंकि यह आपकी सहज अवस्था है। आगे आने वाले भाग में, हम यह चर्चा करेंगे कि प्रसन्नता क्या है और कैसे काम करती है।

डोपामीन आपकी प्रसन्नता से कैसे उलझ सकता है

डोपामीन एक न्यूरोट्रांसमीटर है, जो अन्य कार्य करने के साथ–साथ कुछ निश्चित व्यवहारों को पुरस्कृत करने में भी अहम भूमिका निभाता है। जब आपके मस्तिष्क के कुछ विशेष भागों में डोपामीन रिलीज होता है–प्लेजर सेंटर्स–तो आपको हाई का अनुभव होता है। यही व्यायाम के दौरान होता है या फिर जब आप जुआ खेलते हैं, सेक्स करते हैं या बहुत अच्छा भोजन करते हैं।

डोपामीन की कई भूमिकाओं में से एक यह भी है कि आप भोजन की खोज करें ताकि आप भूख से न मरें और आप अपने लिए साथी की खोज करें ताकि आप प्रजनन कर सकें। डोपामीन के बिना, हमारी प्रजाति अब तक विलुप्त हो गई होती। यह तो अच्छी चीज है, है न?

खैर, हाँ भी और नहीं भी। आज की दुनिया में, यह रिवार्ड तंत्र, कई मामलों में चलने से बाहर हो चुका है। हालाँकि पहले डोपामीन को हमारी उत्तरजीविता की प्रवृत्ति से जोड़ा जाता था, पर अब डोपामीन रिलीज को कृत्रिम रूप से बनाया जा सकता है। सोशल मीडिया पर इसका प्रभाव एक अच्छा उदाहरण है, जो आपके जीवन से अधिक–से–अधिक समय लेने के लिए मनोविज्ञान का प्रयोग करता है। क्या आपने कभी देखा कि कितने सारे नोटिफिकेशंस लगातार आते रहते हैं? इन्हें डोपामीन रिलीज को ट्रिगर करने के लिए प्रयोग किया जाता है, ताकि आप सोशल मीडिया पर बने रहें और आप इस जगह जितना ज्यादा रहेंगे, वे लोग उतना ही पैसा कमाएँगे। पोर्नोग्राफी देखने या जुआ खेलने से भी डोपामीन रिलीज होता है, जो इन गतिविधियों को लत में बदल देता है।

सौभाग्य से, हमारे लिए हर बार जरूरी नहीं कि हमारे दिमाग से डोपामीन ही रिलीज हो। उदाहरण के लिए, हमें लगातार केवल इसलिए अपनी

फेसबुक न्यूजफीड देखने की जरूरत नहीं कि इससे हमें डोपामीन की आनंद से भरी खुराक मिलती है।

वर्तमान समाज, प्रसन्नता का ऐसा संस्करण बेच रहा है, जो हमें अप्रसन्न कर सकता है। हम बाजार को अपने बस में रखनेवाले लोगों के कारण ही डोपामीन की लत के आदी हो गए हैं, जिन्होंने हमारे दिमाग को अपने हाथों का खिलौना बनाने के कई तरीके खोज लिए हैं। हमें पूरे दिन में डोपामीन के बहुत सारे शॉट्स मिलते हैं और यह हमें अच्छा लगता है। पर क्या यह प्रसन्नता जैसा ही है?

इससे भी बदतर बात है कि डोपामीन हमारी सेहत पर गंभीर असर के साथ असली लत बन सकता है। टुलेन यूनीवर्सिटी में हुए एक अध्ययन के अनुसार, जब सहभागियों को यह अनुमति दी गई कि वे अपने प्लेजर सेंटर को अपनी मर्जी से उत्तेजित कर सकते थे, तो उन्होंने औसतन प्रति मिनट चालीस बार ऐसा किया। उन्होंने प्लेजर सेंटर को उत्तेजित करने के लिए भोजन को चुना, यहाँ तक कि भूख लगने पर भी खाने से मना कर दिया।

कोरियन *ली स्यूंग सियोप* इस सिंड्रोम का सबसे गंभीर मामला है। 2005 में, मि. सियोप पूरे अड़तालीस घंटों तक वीडियो गेम खेलने के बाद मारे गए, जिसके दौरान उन्होंने बहुत कम भोजन और पानी लिया और बिलकुल नहीं सोए। इसके बाद पूछताछ से पता चला कि थकान और शरीर में पानी की कमी की वजह से उन्हें दिल का दौरा पड़ा था। वे उस समय अट्ठाईस बरस के थे।

अपने भावों पर नियंत्रण पाने के लिए, यह अनिवार्य है कि आप डोपामीन की भूमिका को जानें और देखें कि यह आपकी प्रसन्नता को कैसे प्रभावित करता है। क्या आपको अपने फोन की लत है? क्या आप हमेशा अपने टीवी से चिपके रहते हैं? या फिर वीडियो गेम्स खेलने में बहुत समय देते हैं। हममें से अधिकतर लोग किसी–न–किसी लत के शिकार होते हैं। कुछ लोगों को यह दिखाई देता है, पर कुछ लोगों में यह आदत छिपे रूप में होती है। उदाहरण के लिए आपको सोचने की लत हो सकती है।

अपने भावों पर बेहतर नियंत्रण के लिए, आपको अपनी लतों को ध्यान में रखना चाहिए, जो आपसे आपकी प्रसन्नता छीन सकती हैं।

'एक दिन मैं करूँगा' का मिथ

क्या आपको विश्वास है कि एक दिन आपका सपना पूरा होगा और आप अंततः प्रसन्न हो सकेंगे? ऐसा नहीं होनेवाला। हो सकता है कि आपका सपना पूरा हो भी जाए, पर आप उसके बाद हमेशा प्रसन्न नहीं रह सकेंगे। आपका मस्तिष्क आपके साथ यह एक और खेल खेलता है।

आपका मन जल्दी ही नए हालात से तालमेल में आ जाता है, जो शायद क्रमिक विकास, उत्तरजीविता और प्रजनन के लिए हमारी लगातार बनी रहने वाली मांग का नतीजा होता है। यही वजह है कि शायद नए घर या कार की जरूरत आपको कुछ देर ही प्रसन्न रख पाती है। जब आरंभिक उत्साह नहीं रहता, तो आप अगली उत्साह पैदा करने वाली चीज की ओर चल देते हैं। इसे ही *हेडॉनिक एडाप्टेशन* यानी सुखमय अनुकूलन का नाम दिया गया है।

सुखमय अनुकूलन कैसे काम करता है

मैं आपके साथ एक अध्ययन की जानकारी बाँटना चाहूँगा, जिसके जानने के बाद आपका प्रसन्नता को देखने का नजरिया बदल जाएगा। यह अध्ययन लाटरी जीतने वालों और पक्षाघात के रोगियों पर किया गया था। यह वाकई चौंका देनेवाला रहा। यह अध्ययन 1978 में किया गया था। इस छानबीन में यह पता लगाया गया कि लॉटरी जीतना या पक्षाघात का शिकार होना, किस तरह प्रसन्नता पर असर डालता है।

अध्ययन में पता चला कि दोनों ही घटनाओं के एक वर्ष बाद, दोनों पक्ष उतने ही प्रसन्न थे, जितने वे पहले हुआ करते थे। जी, बस उतने ही प्रसन्न या अप्रसन्न। आप चाहें तो डैन गिल्बर्ट के टैड टॉक, 'द *सरप्राइज़िंग साइंस ऑफ हैप्पीनेस*' से इसके बारे में और अधिक जान सकते हैं।

शायद आपको लगता है कि कोई विशेष काम पूरा होने पर आपको

प्रसन्नता होगी। पर जैसा कि प्रसन्नता पर दिये गए अध्ययन से स्पष्ट है, ऐसा वाकई सच नहीं होता। आपके साथ भले ही जो भी हो, आप फिर से नई घटना के साथ अनुकूलन होते ही अपनी पहले से तयशुदा प्रसन्नता के स्तर तक आ जाते हैं। आपका मस्तिष्क इसी तरह काम करता है।

क्या इसका मतलब हुआ कि आप इस समय जितने प्रसन्न हैं, उससे ज्यादा प्रसन्न नहीं हो सकते? नहीं, इसका मतलब है कि दीर्घकालीन तौर पर, बाहरी घटनाओं का आपकी प्रसन्नता के स्तर पर बहुत कम प्रभाव होता है।

असल में, द *हाउ ऑफ हैप्पीनेस* की लेखक सोन्या ल्यूबोमिरस्की कहती हैं कि हमारी पचास प्रतिशत प्रसन्नता हमारे जेनेटिक्स से तय होती है, चालीस प्रतिशत प्रभाव आंतरिक कारकों का रहता है और बाकी दस प्रतिशत असर बाहरी कारकों का माना जा सकता है। इन बाहरी कारकों में यह सब शामिल है, जैसे हम अकेले हैं या शादीशुदा, धनी हैं या निर्धन और ऐसे ही सामाजिक प्रभाव।

इससे पता चलता है कि आपकी केवल दस प्रतिशत प्रसन्नता बाहरी कारकों से जुड़ी है, जो आपकी सोच से कहीं कम है। कुल मिलाकर यही कह सकते हैं: जीवन के लिए आपका रवैया ही आपकी प्रसन्नता को प्रभावित करता है, वह सब नहीं, जो आपके साथ घटता है।

अब तक, आप समझ ही गए होंगे कि आपका उत्तरजीविता तंत्र किस तरह नकारात्मक तौर पर आपके भावों को प्रभावित करते हुए आपको जीवन में और अधिक प्रसन्नता व आनंद नहीं पाने देता। आगे आने वाले भाग में, हम अहं के बारे में सीखेंगे, पर पहले इसे देखें:

***

एक्शन स्टेप

वर्कबुक में उन सभी चीजों को लिखें, जो आपको 'डोपामीन का शॉट' देती हों (*भाग–एक। भाव क्या हैं–दो। प्रसन्नता*)

अध्याय–दो

अहं क्या है

आपका उत्तरजीविता तंत्र ही एकमात्र कारक नहीं है, जो आपके भावों को प्रभावित कर रहा है। आप जैसा अनुभव करते हैं, उसमें आपके अंह की भी भारी भूमिका है। इस तरह, अपने भावों पर बेहतर नियंत्रण पाने के लिए, यह समझना बहुत जरूरी है कि आपका अहं क्या है और यह कैसे काम करता है।

अब यह देखते हैं कि अहं से हमारा क्या तात्पर्य है। हम अक्सर कहते हैं कि फलां व्यक्ति का अहं बहुत बड़ा है मानो अहं अभिमान के निकट कोई चीज हो। हालाँकि अभिमान को अहं प्रकट करने का एक साधन ही माना जाता है, परंतु वह उसका केवल एक अंश है। यह भी हो सकता है कि आप ऊपरी तौर पर किसी तरह का अभिमान न रखते हुए विनम्र बने रहें और इसके साथ ही अपने अहं के बस में भी हों।

तो अहं क्या है?

अहं का अर्थ है, अपनी पहचान जिसे आपने आजीवन रचा है। यह पहचान कैसे बनी? सादा शब्दों में, अहं आपके विचारों से बना, यह पहचान मन ने बनाई है और यह कोई ठोस यथार्थ नहीं है।

जो घटनाएँ आपके साथ घटीं, उनका स्वयं में कोई अर्थ नहीं था। आपने

उन्हें, उन घटनाओं की व्याख्या के साथ अर्थ दिया। इसके अलावा, आपने अपने बारे में चीजों को स्वीकारा क्योंकि लोगों ने आपसे ऐसा करने को कहा। इसके अलावा, आपने अपने नाम, आयु, धर्म, राजनीतिक विश्वास और पेशे के साथ अपनी पहचान जोड़ी।

इस मोह के अपने नतीजे हैं। जैसाकि इस पुस्तक में हम आगे देखेंगे, मोह से विश्वास उपजते हैं और ये विश्वास ही आपको निश्चित भावों तक ले जाते हैं। उदाहरण के लिए, जब लोग आपके धर्म की आलोचना करें या आपके राजनीतिक सिद्धांतों पर हमला करें, तो आपको बुरा लग सकता है।

यह ध्यान दें, हम पूरी पुस्तक में अहं के लिए 'कहानी' या 'पहचान' शब्द का प्रयोग बार–बार करेंगे।

क्या आप अपने अहं के लिए सजग हैं?

आपका अहं कैसे काम करता है, इस बात के लिए आपकी समझ आपकी आत्म–सजगता पर निर्भर करती है। चेतना के निचले स्तरों पर रहने वाले लोग अहं के अस्तित्व से अनजान होते हैं और नतीजन वे उसके गुलाम हो जाते हैं।

वहीं दूसरी ओर, उच्च स्तरीय आत्म–सजग लोग अपने अहं के पार देख सकते हैं। वे समझते हैं कि विश्वास कैसे काम करते हैं और विश्वासों के प्रति आवश्यकता से अधिक मोह किस तरह जीवन में कष्टों का कारण बन सकता है। ये लोग अपने मन के स्वामी होते हैं और अपने साथ सदा शांति बनाए रखते हैं।

यह भी ध्यान दें कि अहं अच्छा या बुरा नहीं होता, यह आपके अंदर आत्म–सजगता का अभाव है। जब आप इसके लिए सजग होते हैं, तो यह धूमिल हो जाता है, अहं और सजगता एक साथ नहीं रह सकते।

आपके अहं को एक पहचान की आवश्यकता है

आपका अहं एक स्वार्थी तत्व है, इसे केवल अपनी उत्तरजीविता की चिंता

है। दिलचस्प बात यह है कि यह अपने काम करने के तरीके से आपके दिमाग से मेल खाता है। इसके पास अपना बचाव तंत्र है और उसे बनाए रखने के लिए यह कुछ भी करेगा। जिस तरह आपके मस्तिष्क के लिए आपकी प्रसन्नता या मानसिक शांति प्राथमिकता नहीं होते, अहं उससे भी आगे निकल जाता है, यह हमेशा बेचैन बना रहता है। इसे जीवन में आगे बढ़ना है। यह चाहता है कि आप ऐसे काम करें और वे चीजें हासिल करें कि आप 'कुछ' बन सकें।

जैसाकि हमने पहले भी कहा, आपके अहं को अपना अस्तित्व बनाए रखने के लिए एक पहचान चाहिए। यह लोगों, चीजों, विश्वासों और उपायों के साथ अपनी पहचान जोड़ते हुए ऐसा करता है।

अब, हमें उन चीजों की ओर देखना है, जिनसे आपका अहं अपनी पहचान जोड़ते हुए अपनी पहचान को मजबूत बनाता है:

भौतिक वस्तुएँ

अहं को भौतिक वस्तुओं से पहचान जोड़ना पसंद है। कहना न होगा, यह आज की दुनिया में फलता–फूलता है। शायद हम कह सकते हैं कि हम जिस उपभोक्ता संस्कृति और पूँजीवाद के बीच जी रहे हैं, वे सामूहिक अहं की ही देन हैं, यही वजह है कि यह हाल ही के दशकों में एक प्रभावी आर्थिक मॉडल हो गया है।

बाजार से जुड़े लोगों को अच्छी तरह पता है कि लोगों की पहचान को वस्तुओं से जोड़ना कितना मायने रखता है। वे अच्छी तरह जानते हैं कि लोग केवल उत्पाद ही नहीं खरीदते, वे उस उत्पाद से जुड़ी कहानी या भावों को भी खरीदते हैं। अक्सर, आप कोई विशेष तरह के कपड़े लेते हैं या कोई विशेष कार खरीदते हैं, क्योंकि आप अपने बारे में एक कहानी कहना चाहते हैं। उदाहरण के तौर पर, हो सकता है कि आप अपने स्तर को निखारना चाहते हों, *कूल* लगना चाहते हों या अपने अनूठे व्यक्तित्व को दिखाना चाहते हों और अपने लिए उत्पाद चुनना, इन आदर्शों से गहराई से जुड़ा है।

अहं भी ऐसे ही काम करता है। यह चीजों को इस्तेमाल करते हुए ऐसी

कहानी बुन देता है, जिससे आप अपनी पहचान जोड़ सकते हैं। इसका मतलब यह नहीं कि चीजें गलत हैं। यह केवल तभी नकारात्मक होता है, जब आप चीजों से जरूरत से ज़्यादा मोह रखने लगते हैं और आपको लगता है कि वे आपको भरा–पूरा कर सकती हैं–जो कि वे नहीं कर सकतीं।

आपका शरीर

अधिकतर लोगों को अपनी शारीरिक छवि से ही आत्म–मूल्य मिलता है। अहं को आपकी छवि से प्रेम है, क्योंकि इससे पहचान जोड़ना सबसे आसान है। जब आप शारीरिक छवि से बहुत मजबूती से जुड़ते हैं, तो आपके लिए शारीरिक और मानसिक पीड़ा से पहचान जोड़ना भी उतना ही सरल हो जाता है। मानें या न मानें, आप चाहें तो अपने शरीर से पहचान जोड़े बिना भी इसे देख सकते हैं।

मित्र/साथी

अहं, दूसरों के साथ आपके संबंध से भी पहचान का भाव लेता है। अहं केवल इसी बात में रुचि रखता है कि यह दूसरों से क्या ले सकता है। दूसरे शब्दों में, अहं केवल इसी बात पर फलता–फूलता है, जिससे यह लोगों को इस्तेमाल करके अपनी पहचान को मजबूत बना सकता है।

अगर आप अपने साथ ईमानदार हैं, तो आपको अहसास होगा कि आप जो भी अधिकतर काम करते हैं, वे दूसरों की मंजूरी पाने के लिए होते हैं। आप चाहते हैं कि माता–पिता आप पर गर्व महसूस करें, बॉस आपका सम्मान करे और आपकी पत्नी आपसे प्रेम करे।

अब विस्तार से देखते हैं कि इन मामलों में अहं कैसे काम करता है।

अभिभावक और बच्चों के संबंध

कुछ अभिभावकों का अहं उन्हें अपने बच्चों से बहुत मोह और जुड़ाव दे जाता है। यह इस झूठे विश्वास पर आधारित है कि उनके बच्चे उनकी संपत्ति हैं। नतीजन, वे अपने बच्चों के जीवन को नियंत्रण में रखने की

कोशिश करते हैं और उनके माध्यम से वैसा जीवन जीना चाहते हैं, जैसा वे छोटी उम्र से अपने लिए चाहते थे–इसे कहते हैं, अपने बच्चों के माध्यम से स्थानापन्न रूप से जीना। आप हर जगह ऐसा देख सकते हैं। अगली बार जूनियर सॉकर गेम देखें, तो बच्चों के अभिभावकों को देखना न भूलें। वे लोग अलग ही पहचान में आ जाते हैं, जो सबसे तेज चिल्ला रहे हों और ऐसा केवल हौसला बढ़ाने के लिए न कर रहे हों। वे लगभग अचेत भाव से ही ऐसा करते हैं।

जोड़े

किसी को बहुत गहराई से चाहने की इच्छा भी अहं का ही खेल है। एंथनी डि मैलो ने बहुत सुंदर शब्दों में इसे पेश किया है, वे कहते हैं:

> 'अकेलापन इंसानी सोहबत से ठीक नहीं होता। इसके लिए यथार्थ का सामना करना होगा, यह समझना होगा कि हमें लोगों की आवश्यकता नहीं है।'

–एंथोनी डि मैलो

जब आपको अहसास हो जाता है कि आपको असल में किसी की आवश्यकता नहीं है, तो आप आसानी से लोगों की सोहबत का आनंद ले सकते हैं। आप उन्हें उसी रूप में देख सकते हैं, जैसे वे असल में हैं। आप उनसे कुछ पाने की कोशिश नहीं करते।

आपके विश्वास

आपका अहं अपनी पहचान मजबूत करने के लिए आपके विश्वासों को भी इस्तेमाल करता है। कई अति तक जानेवाले मामलों में, लोग अपने विश्वासों से इतना मोह रखने लगते हैं कि उनकी रक्षा के लिए ऐसे लोगों की जान तक लेने को तैयार हो जाते हैं, जो उनसे सहमति नहीं रखते। धर्म इस बात का बढ़िया उदाहरण है कि लोग अपने विश्वासों से किस खतरनाक तरीके से मोह रखते है। अहं किसी भी तरह के विश्वास से अपनी पहचान को मजबूत करता है, फिर चाहे वे विश्वास धार्मिक हों या फिर राजनीतिक या फिर आध्यात्मिक।

पहचान के अन्य साधन

आइए, अब ऐसे साधनों की सूची देखें, जिनसे आमतौर पर आपका अहं अपनी पहचान जोड़ता है:

- आपका शरीर
- आपका नाम
- लिंग
- राष्ट्रीयता
- संस्कृति
- परिवार/मित्र
- आपके विश्वास (धार्मिक, राजनीतिक व अन्य)
- आपकी व्यक्तिगत कहानी (अतीत की आपकी व्याख्या, भविष्य के संबंध में आपकी उम्मीदें)
- आपकी समस्याएँ (रोग, वित्तीय हालात, शोषित मानसिकता आदि)
- आपकी आयु
- आपकी नौकरी
- आपका सामाजिक स्तर
- आपकी भूमिका (एक कर्मचारी, होम मेकर, माता–पिता का स्तर, रोजगार का स्तर आदि)
- भौतिक वस्तुएँ (आपका घर, कार, कपड़े, फोन आदि)
- आपकी इच्छाएँ

अहं के प्रमुख लक्षण

इस जगह अहं के कुछ प्रमुख लक्षण दिए जा रहे हैं:

- अहं कुछ 'पाने' को 'होने' के बराबर मानता है, यही कारण है कि इसे वस्तुओं से पहचान जोड़ना पसंद है।
- अहं तुलना के माध्यम से जीता है। आपका अहं, दूसरों के अहं के साथ अपनी तुलना पसंद करता है।
- अहं कभी संतुष्ट नहीं होता। आपका अहं हमेशा और अधिक चाहता है। और ज्यादा नाम, और सामान, और पहचान वगैरह।

- अहं का आत्म–मूल्यांकन आमतौर पर दूसरों की नजरों में आपके मूल्य पर निर्भर करता है। आपका अहं अपने–आपको मूल्यवान मानने के लिए दूसरों की स्वीकृति चाहता है।

अहं को श्रेष्ठ अनुभव करना होता है

आपका अहं दूसरे अहं से श्रेष्ठ साबित होना चाहता है। यह चाहता है कि इसे कृत्रिम तौर पर सबसे अलग रखा जाए। इस जगह इसके तौर–तरीके बताए जा रहे हैं:

- यह लोगों के माध्यम से अपना मूल्य निखारता है।
  अगर आपके पास स्मार्ट/मशहूर दोस्त हैं, तो आपका अहं स्वयं को उनसे जोड़कर अपनी पहचान मजबूत करेगा। यही वजह है कि कुछ लोग दूसरों को यह बताना पसंद करते हैं कि उनके दोस्त कितने अमीर या मशहूर हैं।
- गप्पें मारना
  लोग गप्पें इसलिए मारते हैं ताकि वे दूसरों से अलग और खास लग सकें। यही वजह है कि कुछ लोग दूसरों को नीचा दिखाना पसंद करते हैं और उनकी पीठ पीछे बोलते हैं; इस तरह उन्हें और उनकी पूरी चौकड़ी को अपने कुछ विशेष होने का अहसास मिलता है।
- हीनता बोध प्रकट करना
  इसमें दूसरों से बेहतर होने की इच्छा छिपी रहती है। जी, इस मामले में भी लोग श्रेष्ठ होना चाहते हैं।
- श्रेष्ठता बोध प्रकट करना
  इसमें अपने–आप में अच्छा और बेहतर न होने का भय छिपा रहता है।
- प्रसिद्धि की खोज
  यह श्रेष्ठता का भ्रम देता है, इसी वजह से लोग मशहूर होना चाहते हैं।
- सही होना
  अहं को हर चीज में सही होना पसंद है। इस तरह यह अपने

अस्तित्व को मंजूरी दे पाता है। क्या आपने कभी ध्यान दिया कि अडोल्फ हिटलर से लेकर नेल्सन मंडेला तक सभी यही मानते हैं कि वे सही हैं? अधिकतर लोगों को लगता है कि वे सही हैं, परंतु क्या सभी सही हो सकते हैं?

- शिकायत करना

  जब लोग शिकायत करते हैं, तो उन्हें लगता है कि वे सही और दूसरे गलत हैं। यही वस्तुओं पर भी काम करता है। क्या आपने कभी ऐसा किया कि आप मेज से टकरा गए और आप उसकी शिकायत करके, उसे अपमानित कर रहे हैं? मैंने ऐसा किया है, वह बेहूदा मेज मेरे रास्ते में आ गया था, सही है न?

- दूसरों का ध्यान पाना

  अहं को सबसे अलग दिखना पसंद है। इसे पहचान, तारीफ और सराहना पसंद है। लोग दूसरों का ध्यान पाने के लिए ही अपराध करते हैं, अजीब से दिखने वाले कपड़े पहनते हैं या फिर पूरे शरीर पर टैटू भी बनवा सकते हैं।

आपका अहं आपके भाव पर प्रभाव डालता है

आपका अहं कैसे काम करता है, यह समझने के बाद आपको अपने भावों को बेहतर तरीके से नियंत्रित करने में मदद मिल सकती है। ऐसा करने के लिए, आपको सबसे पहले यह अहसास होना चाहिए कि आपकी वर्तमान कहानी लोगों, वस्तुओं और विचारों से मजबूत पहचान की वजह से है। यही मजबूत पहचान ही कई नकारात्मक अनुभवों की जड़ है, जो आप अपने जीवन में अनुभव करते हैं। उदाहरण के लिए:

- जब जीवन आपकी निजी कहानी के अनुसार नहीं चलता, तो आप उदास हो जाते हैं, या
- जब कोई आपके विश्वासों में से किसी एक को चुनौती देता है, तो आप आत्मरक्षा करने लगते हैं।

संक्षेप में, आपके अधिकतर भाव, आपकी निजी कहानी पर आधारित हैं और इस बात पर टिके हैं कि आप संसार को किस रूप में देखते हैं। जब आप अपनी वर्तमान कहानी को और मजबूत कहानी से बदल देंगे—और

इसके साथ ही वस्तुओं, व्यक्तियों और विचारों से अतिरिक्त मोह रखना त्याग देंगे–तो आप और अधिक शक्तिशाली सकारात्मक भावों को अनुभव कर सकेंगे। इसी पुस्तक में आगे, हम यह देखेंगे कि आप अपनी ओर से घटनाओं की जो व्याख्या करते हैं, उसे कैसे बदल सकते हैं।

***

एक्शन स्टेप

वर्कबुक में दिये गए प्रश्नों के उत्तर देने के लिए कुछ मिनट का समय निकालें, (*भाग–एक, भाव क्या हैं–3, अहं की प्रकृति*)

अध्याय–तीन

भावों की प्रकृति

भाव पेचीदा हो सकते हैं। इस भाग में हम गहराई से चर्चा करेंगे कि ये कैसे काम करते हैं। भावों के पीछे छिपे तंत्र को समझते हुए, आप उनके उत्पन्न होने पर, कहीं बेहतर प्रबंधन कर सकेंगे।

सबसे पहले तो आपको यही समझना होगा कि भाव आते और जाते हैं। एक क्षण में आप प्रसन्न महसूस करते हैं, तो दूसरे ही क्षण उदास हो जाते हैं। हालाँकि आपका अपने भावों पर थोड़ा नियंत्रण होता है, आपको इनके स्वभाव को पहचानना होगा जिसके बारे में पहले से कुछ नहीं कह सकते। अगर आप हमेशा प्रसन्न रहना चाहें, तो आपने पहले ही असफलता की भूमिका रच दी है। जब आप हमेशा प्रसन्न नहीं रह पाते, तो आप स्वयं को दोषी ठहराते हैं और इससे भी बदतर, इसके लिए खुद को नीचा मानने लगते हैं।

अपने भावों का नियंत्रण हाथ में लेने के लिए आपको यह मानना होगा कि ये अस्थायी हैं। आपको यह सीखना होगा कि अगर आप इन्हें यूँ ही गुजरने देना चाहते हैं, तो आपको इनके साथ गहरा जुड़ाव रखना बंद करना होगा। आपको स्वयं को उदास होने की अनुमति देनी होगी, बस आपको उसके साथ अपनी व्याख्या जोड़नी बंद करनी होगी जैसे, 'मुझे उदास नहीं होना चाहिए।' या 'मुझे यह क्या हो गया है?' इसकी बजाय आपको हकीकत को उसी रूप में स्वीकार करना चाहिए, जैसी वह है।

भले ही आप मानसिक तौर पर कितने भी सशक्त क्यों न हों, फिर भी आपको जीवन में उदासी, दुख और डिप्रेशन का सामना करना ही होगा–उम्मीद करता हूँ कि यह सब एक साथ और निरंतर नहीं होगा। कभी–कभार निराशा महसूस होगी। कभी आपको लगेगा कि आपके साथ छल हुआ, तो कभी असुरक्षा, बैर या शर्मिंदगी का अहसास होगा। आपको अपने पर संदेह होगा और आप जो बनना चाहते थे, उसके लिए अपनी योग्यता पर संदेह करेंगे। पर यह भी ठीक है क्योंकि भाव आते हैं पर उससे भी जरूरी बात है कि वे चले जाते हैं।

आपके नकारात्मक भाव बुरे या अनुपयोगी नहीं हैं

आप चाहें तो स्वयं को नकारात्मक भाव अनुभव करने का दोषी मान सकते हैं या फिर आप स्वयं को मानसिक तौर पर दुर्बल मान सकते हैं। आपको यह भरोसा भी हो सकता है कि आपके साथ कुछ गलत है। हालाँकि, आपके भीतर से जो भी आवाज आए, आपके भाव बुरे नहीं हैं। भाव केवल भाव हैं। इससे ज्यादा कुछ नहीं।

डिप्रेशन में आने पर आप उस इंसान से कुछ कमतर नहीं हो जाते, जो आज से तीन सप्ताह पहले बहुत प्रसन्न था। इस समय उदास होने का मतलब यह नहीं कि आप फिर कभी हँस नहीं सकेंगे।

यह याद रहेः आप जिस तरह भावों की व्याख्या करते हैं और स्वयं को दोषारोपण के खेल में डालते हैं; यह कष्ट आपको भाव नहीं, बल्कि आप स्वयं देते हैं।

असल में, नकारात्मक भाव मददगार हो सकते हैं। कई बार आपको सबसे ऊपर तक जाने से पहले नीचे तक आना होता है। यहाँ तक कि धरती के सबसे बलशाली लोग भी डिप्रेशन के शिकार रहे हैं। एलन मस्क ने कभी कल्पना तक नहीं की थी कि उसे मेंटल ब्रेकडाउन का शिकार होना होगा, पर उसके साथ ऐसा हुआ और वह फिर से संभलकर वापिस लौटा। अब्राहम लिंकन अपनी मंगेतर को खोने के बाद कई महीनों डिप्रेशन में रहे। यह दुखदायी घटना भी उन्हें यूएस का प्रेजीडेंट बनने से रोक नहीं सकी। अक्सर नकारात्मक भावों का एक उद्देश्य होता है। वे

आपको कुछ याद दिलाने आते हैं। हो सकता है कि वे आपके अंदर छिपी सकारात्मकता की याद दिलाने आए हों। बेशक, जब आप इनके असर में होते हैं, तो आपको कुछ भी अच्छा नहीं दिखता, पर फिर भी आपको अहसास होगा कि सभी भाव–यहाँ तक कि उदास करने वाले भाव भी आपके जीवन में सफलता पाने में सहायक होते हैं।

नकारात्मक भावों की सकारात्मक भूमिका

आपके भाव आपके जीवन को कठिन बनाने के लिए नहीं हैं। ये आपको कुछ बताने आए हैं। इनके बिना आप फल–फूल नहीं सकते।

अपने नकारात्मक भावों को शारीरिक पीड़ा के भावात्मक समकक्ष के तौर पर लें। आप पीड़ा से नफरत करते हैं, पर अगर आपके पास पीड़ा नहीं होती, तो संभावना यही है कि शायद अब तक आप मर चुके होते। शारीरिक पीड़ा एक शक्तिशाली संदेश देती है कि कुछ गलत है और यह आपको उसे ठीक करने के लिए टहोका देती है। यह आपके लिए डॉक्टर से सलाह लेना हो सकता है, जिसके बाद आपको सर्जरी करवानी पड़े, आहार में बदलाव करना पड़े या फिर व्यायाम करना शुरू करना पड़े। शारीरिक पीड़ा के बिना, आप इनमें से कुछ नहीं करते और आपके हालात बदतर हो जाते, जो आपकी असमय मौत की वजह बन सकता है।

भाव भी ऐसे ही काम करते हैं। वे आपको संकेत देते हैं कि आप अपने ताजा हालात के लिए कुछ करें। शायद आपको कुछ लोगों को छोड़ना होगा, अपना काम छोड़ना होगा या उस कहानी से खुद को अलग करना होगा, जो आपके जीवन में कष्ट की वजह बन रही है।

भावों की अस्थायी प्रकृति

भले ही आप कितने भी डिप्रेशन में क्यों न हो, आपको कितने भी दुख का अनुभव क्यों न हो रहा हो या फिर किसी भी दिये गए समय में आप कितना भी बुरा क्यों न अनुभव करें, यह भी बीत ही जाएगा।

अतीत में अनुभव किये गए कुछ नकारात्मक भावों की ओर देखें। अपने जीवन के बदतर समय को याद करें। उन कठिन हालात के बीच आप अपने भावों से इतना घिरे थे कि आपको लगता था कि शायद आप उनसे

कभी नहीं निकल सकेंगे। आपको लगता था कि आप दोबारा कभी खुश नहीं हो सकेंगे। परंतु वह सब भी बीत गया। अंत में बादल छंटे और फिर से आपका असली रूप जगमगा उठा।

आपके भाव आते और जाते रहते हैं। आपका डिप्रेशन चला जाएगा, आपकी उदासी गायब हो जाएगी और आपका गुस्सा छूमंतर हो जाएगा।

यह याद रखें, अगर आप बार–बार उन्हीं भावों का अनुभव कर रहे हैं, तो शायद हो सकता है कि आपके मन में कोई अशक्त करने वाले विश्वास हों और आपको जीवन में कुछ बदलाव लाने की आवश्यकता हो। हम इसके बारे में आगे बात करेंगे।

अगर आप भारी और गंभीर डिप्रेशन से ग्रस्त हैं, तो हो सकता है कि किसी विशेषज्ञ को दिखाने से लाभ हो।

भावों का छल

क्या आपको कभी ऐसा अनुभव हुआ कि आप फिर कभी प्रसन्न नहीं हो सकेंगे? क्या आपने कभी अपने भावों से इतना मोह अनुभव किया कि आपको लगा हो कि वे कभी कहीं नहीं जाएँगे?

चिंता न करें, यह एक आम भावना है।

नकारात्मक भाव ऐसे फिल्टर हैं, जो आपके भावों की गुणवत्ता को दूषित करते हैं। किसी नकारात्मक घटना के दौरान, हर अनुभव इसी नजर से देखा जाता है। भले ही बाहरी दुनिया वही रहेगी, पर आप उसे अपनी अनुभूति के आधार पर पूरी तरह से अलग महसूस करेंगे।

उदाहरण के लिए, जब आप डिप्रेशन में हों, तो आपको भोजन का स्वाद नहीं आता, आपको फिल्म देखने में आनंद नहीं आता या अपनी गतिविधियों में रस नहीं मिलता। आप चीजों के नकारात्मक पक्ष को देखते हैं, खुद को फँसा हुआ और शक्तिहीन समझते हैं। वहीं दूसरी ओर, जब आप सकारात्मक होते हैं, तो जीवन में सब बेहतर लगने लगता है। भोजन का स्वाद आता है, आपका स्वभाव दोस्ताना होता है और आप उन सभी गतिविधियों में आनंद उठाते हैं, जिनमें भाग लेते हैं।

हो सकता है कि अब तक आप अनुभव कर रहे हों कि इस पुस्तक में मिली जानकारी के बाद आपको जीवन में कभी डिप्रेशन का अनुभव नहीं होगा। गलत! आपको निरंतर उदासी, कुंठा, डिप्रेशन या बैर का सामना करना होगा, पर आशा करते हैं कि जब भी ऐसा होगा, आप पहले से कहीं ज्यादा बुद्धिमान होते हुए याद रखेंगे कि यह भी बीत जाएगा।

मुझे यह मानना होगा कि मैं आसानी से अपने भावों के हाथों मूर्ख बन जाता हूँ। हालाँकि मैं जानता हूँ कि मैं अपने भाव नहीं हूँ, फिर भी मैं उन्हें बहुत श्रेय देता हूँ और मुझे यह अहसास नहीं होता कि वे केवल अस्थायी आगंतुक हैं। इससे भी अहम बात, मुझे यह भी याद नहीं रहता कि वे 'मैं' नहीं हैं। भाव हमेशा आते–जाते रहेंगे पर मैं रहूँगा। एक बार, भावात्मक तूफान बीत जाता है, तो मुझे पता चलता है कि मैं एक बार फिर से अपने भावों के हाथों ठगा गया। क्या आपके साथ भी ऐसा होता है?

बड़ी दिलचस्प बात है, बाहरी कारक प्रायः या कभी भी, आपकी भावात्मक अवस्था में अचानक आनेवाले बदलाव का प्रत्यक्ष कारण नहीं होते। आप ठीक उसी हालात, नौकरी और बैंक खाते में उतनी ही धनराशि के साथ हो सकते हैं, और आपकी समस्या भी ठीक पहले जैसी हो सकती है, पर आपको पूरी तरह से अलग भावात्मक अवस्थाओं का अनुभव हो सकता है। असल में, अगर आप अपने बीते हुए कल को देखें, अक्सर यही होता है। आप कुछ घंटों या दिनों तक डिप्रेशन में रहने के बाद फिर से अपनी डिफाल्ट इमोशनल अवस्था में आ जाते हैं। भावात्मक तनाव की इस अवधि में आपका वातावरण बिलकुल नहीं बदला। केवल आपका आंतरिक संवाद बदला है।

मैं आपको प्रोत्साहित करता हूँ कि जब भी ऐसी कोई घटना घटे, तो उसके लिए सजग हों और अपने भावों के छल से परे देखने की कोशिश करें। हो सकता है कि आप एक और कदम आगे जाना चाहें और इन घटनाओं को कहीं लिखना चाहें। ऐसा करने से आपको इस बात की गहरी समझ मिलेगी कि भाव कैसे काम करते हैं और नतीजन आप उनके प्रबंधन के लिए बेहतर रूप से तैयार होंगे।

भावों की दुष्ट शक्ति

> 'एक भाव प्रायः एक विस्तृत और ऊर्जा से भरपूर विचार ढाँचे का प्रतिनिधित्व करता है और इसके प्रभुत्व संपन्न ऊर्जात्मक बल के कारण, आरंभ में वर्तमान में उपस्थित होकर इसे देखना आसान नहीं होता। यह आपको अपने अधीन करना चाहता है और अक्सर सफल भी हो जाता है–जब तक आपके अंदर पर्याप्त सजगता न हो।'
>
> *–एक्हार्ट टोल, द पावर ऑफ नाउ*

नकारात्मक भाव किसी जादू की तरह हैं। जब आप इनके असर में होते हैं, तो इनसे पीछा छुड़ाना लगभग असंभव होता है। हो सकता है कि आप जानते हों कि एक से विचारों पर सिर धुनना बेकार है, फिर भी आप कुछ नहीं कर सकते और प्रवाह के साथ बहते हैं। एक गहरा खिंचाव महसूस करते हुए, आप लगातार विचारों के साथ अपनी पहचान जोड़ते हैं। नतीजन बद से भी बदतर महसूस करने लगते हैं। जब ऐसा होता है, तो कोई भी उचित कारण काम नहीं करता।

ये भाव आपकी निजी कहानी से जितना ज्यादा मेल खाते हैं, यह खिंचाव उतना ही ज्यादा होता है। उदाहरण के लिए, अगर आपको लगता है कि आप अयोग्य हैं, तो हो सकता है कि जब भी आपके मन में यह सोच हावी हो, उस समय आपको अपराध बोध या शर्मिंदगी का सामना करना पड़े क्योंकि आपने पहले भी कई बार इन भावों को अनुभव किया है; वे आपके लिए एक स्वचालित प्रत्युत्तर बन गए हैं।

इन भावों के साथ पहचान किस तरह काम करती है, इसके बारे में अधिक जानकारी के लिए 'पहचान' नामक भाग को देखें।

भावों की फिल्टर शक्ति

आपकी भावात्मक अवस्था आपके जीवन के लिए दृष्टिकोण पर गहरा असर डालती है, यह आपको अलग तरह से पेश आने और काम करने पर विवश कर देती है।

जब आप सकारात्मक मनोदशा में हों, तो आपके पास भरपूर मात्रा में सकारात्मक ऊर्जा होती है, ये आपको देती है:

- आपके हर काम में और अधिक आत्मविश्वास
- ऐसे नए कामों के लिए आपका आग्रही होना, जो आपके जीवन को सुधार सकते थे
- त्याग देने या अपने सुविधाजनक दायरे से बाहर आने की योग्यता
- कठिन समय में संरक्षण के लिए और अधिक आध्यात्मिक बल
- बेहतर विचार और संशोधित रचनात्मकता
- उसी भावात्मक रेंज में सकारात्मक भावों तक आसान पहुँच

जब आप नकारात्मक मानसिक अवस्था में हों, तो आपके पास बहुत कम मात्रा में सकारात्मक ऊर्जा होती है, आप पर निम्नलिखित प्रभाव दिखाई देता है:

- आत्मविश्वास की कमी, जो आपके हर काम को प्रभावित करती है
- प्रेरणा की कमी, जो आपकी ओर से किए जाने वाले कामों के असर को कम करती है
- आप नई चुनौतियों को लेने और अपने सुविधाजनक दायरे को छोड़ने के लिए तैयार नहीं होते
- प्रतिकूल परिस्थिति में धैर्य बनाए रखने की योग्यता में कमी, और
- उसी भावात्मक रेंज के अंदर और अधिक नकारात्मक विचारों को अपनी ओर आकर्षित करने की प्रवृत्ति

आइए, इसके लिए असली उदाहरण देखें।

असली जीवन से आए उदाहरण:

मैं आपके साथ अपने जीवन का उदाहरण बाँटना चाहूँगा। ये दोनों ही मामले एक–सी बाहरी दशाओं के अंदर घटे। केवल एक ही अंतर था–मेरी भावात्मक अवस्था।

पहला मामला–मेरे अपने ऑनलाइन व्यापार के लिए उत्साहित अनुभव करना

- मेरे किए जाने वाले हर काम में और अधिक आत्मविश्वासः ऐसा लगता है कि मेरे विचार अच्छे हैं। मैं अपनी पुस्तकों पर काम करने और आलेख लिखने को उत्सुक हूँ। मैं अपने काम को लोगों तक पहुँचाने और उसका प्रचार करने को तैयार हूँ।
- मैं नई तरह के काम को आरंभ करने के लिए आग्रही हूँः मैं नए विचारों, कामों या परियोजना पर काम करना चाहता हूँ। मैं ऐसे उपाय सोच सकता हूँ, जिनके माध्यम से दूसरे लेखकों से संपर्क रखते हुए, नए कोचिंग प्रोग्राम बना सकता हूँ, जो मैं अपने श्रोताओं को दे सकूँ।
- मेरे आरामदायक घेरे से बाहर आने की योग्यताः मेरे लिए खुद को अपने आरामदायक घेरे से बाहर लाना आसान हो रहा है। मै अनजान लोगों से मिल सकता हूँ या फिर फेसबुक लाइव कर सकता हूँ।
- भावात्मक रूप से सबल होनाः मैं प्रोत्साहन के अभाव में भी अपनी परियोजनाओं से जुड़ा रहता हूँ।
- बेहतर विचार और संशोधित रचनात्मकताः मैं नए विचारों के लिए आग्रही हूँ। मैं पुस्तकों, आलेखों और रचनात्मक परियोजनाओं के लिए नए विचार दे सकता हूँ।
- और अधिक सकारात्मक भावों तक आसान पहुँचः मैं और अधिक सकारात्मक भावों को आकर्षित करता हूँ। इसके साथ ही मेरा मन नकारात्मक भावों को आसानी से नकार देता है और उनसे अपनी पहचान नहीं जोड़ता।

दूसरा मामला—नतीजों के अभाव में हल्के डिप्रेशन का अनुभव होना

- आत्मविश्वास में कमीः मुझे अपने पर और अपनी ओर से शुरू की गई सारी परियोजनाओं पर संदेह होने लगा है। अचानक ही ऐसा लगने लगा है कि मैं जितनी भी परियोजनाओं पर काम कर रहा हूँ, वे बेकार हैं या मैं किसी काम का नहीं हूँ। मेरे मन में कुछ ऐसे विचार आ रहे हैं, 'इन सबका क्या लाभ?', 'मैं इसे पूरा नहीं कर सकूँगा।', 'मैं कितना मूर्ख हूँ।' बस ऐसी ही बातें

दिमाग में चलती हैं और कहना न होगा कि खुद को आगे ले जाना मेरे लिए एक चुनौती की तरह हो जाता है।

- प्रेरणा का अभावः कोई भी काम करने का मन नहीं करता। मैं नकारात्मक विचारों से घिरा हूँ और इनसे बचना नामुमकिन लग रहा है। मेरे मन में बार–बार वही नकारात्मक विचार आ रहे हैं, जो किसी टूटे हुए रिकॉर्ड की तरह बज रहे हैं। ये इतने असली जान पड़ते हैं कि इन्होंने मेरे सारे अनुभव बरबाद कर दिए हैं।
- मुझे नई चुनौतियों को अपनाने में दिक्कत हो रही हैः मेरे अंदर इतनी ऊर्जा नहीं बची कि अपनी सुविधा के दायरे से बाहर आकर चुनौतीपूर्ण योजनाओं पर काम कर सकूँ।
- मेरे अंदर कामों पर बने रहने की योग्यता कम हो गईः मुझे काम पूरे करने में परेशानी हो रही है और मैं उन कामों को लगातार टालता आ रहा हूँ, जिन पर मुझे काम करना चाहिए।
- मेरे अंदर निरंतर नकारात्मक विचारों को अपनी ओर खींचने की प्रवृत्ति आ गई हैः मैं ज्यादा–से–ज्यादा नकारात्मकता को अपनी ओर खींच रहा हूँ। हालाँकि ये सब पहले भी मेरे साथ होता था, पर अब यह बार–बार और जल्दी होने लगा है। जब मैं इन विचारों के साथ अपनी पहचान क़ायम करता हूँ, तो और ज्यादा नकारात्मक भाव पैदा होने लगते हैं।

दोनों ही मामले कुछ ही दिनों के अंतराल में हुए। बाहरी परिवेश बिलकुल एक–सा था, पर मेरी भावात्मक दशा पूरी तरह से अलग थी और जिसकी वजह से मुझे अलग–अलग काम करने पड़े।

भावों की चुंबकीय शक्ति

आपके भाव चुंबक की तरह होते हैं। वे विचारों को उन्हीं 'तरंगों' पर आकर्षित करते हैं। यही वजह है कि जब आप नकारात्मक अवस्था में होते हैं, तो आप आसानी से दूसरे नकारात्मक विचारों को भी अपनी ओर खींचते हैं और आप इन्हीं विचारों के बीच गुम होकर अपने हालात बदतर कर लेते हैं।

जैसाकि एक्हार्ट टोल, द *पावर ऑफ नाउ* में लिखते हैं:

> 'प्रायः आपकी सोच और भाव के बीच एक दुष्चक्र बन जाता है: वे एक–दूसरे को पोसने लगते हैं। विचार का ढाँचा एक भाव के रूप में विस्तृत प्रतिबिंब बनाता है और भावना की कंपन आवृत्ति मूल विचार पैटर्न को पोषित करती रहती हैं।'

आइए, अब यह देखते हैं कि आप इस चुंबकीय शक्ति को तोड़ने के लिए क्या कर सकते हैं।

भावों की चुंबकीय शक्ति को तोड़ना

मान लेते हैं कि आपके कार्यस्थल पर आपका दिन बुरा रहा और आपका मूड बहुत खराब है। आप जिस नकारात्मक अवस्था में हैं, वही आपके लिए और अधिक नकारात्मक विचारों को अपनी ओर खींचने का कारण बनेगी। अचानक ही आप इस तथ्य को मानने लगते हैं कि आप तीस साल की उम्र होने पर भी अकेले हैं और फिर इसी वजह से खुद को दूसरों से कमतर आँकते हैं। फिर आप खुद को दोष देते हैं कि आपका वजन कितना ज्यादा है। आपको यह भी याद आता है कि अगले शनिवार आपको ऑफिस जाना होगा, जिसे याद करके आपको लगता है कि आप कितनी पकाऊ नौकरी कर रहे हैं।

क्या आपने देखा कि जब आप अच्छा महसूस न कर रहे हों, तो ऐसे में नकारात्मक सोच को अपनी ओर खींचना कितना आसान होता है? अगर आप चाहते हैं कि ऐसा होने से रोका जाए, तो यह जरूरी है कि आप नकारात्मक विचारों को एकसाथ जमा करना बंद कर दें।

असली जीवन के उदाहरण:

मेरे घुटनों में परेशानी है, जिसकी वजह से खेलों का अभ्यास नहीं कर पाता। चूँकि मुझे खेल पसंद हैं इसलिए इन चोटों की वजह से मुझे भावात्मक पीड़ा महसूस होती है। सौभाग्य से, घुटनों में दर्द बहुत कम होता है, पर जब भी दर्द होता है तो वह नकारात्मक भावों को ट्रिगर क़र देता है। एक दिन, जब मैं अपनी विचार प्रक्रिया को देख रहा था—हम

सबकी अलग–अलग रुचियाँ होती हैं, है न—मुझे अहसास हुआ कि मेरे घुटनों का दर्द नकारात्मक तौर पर मेरे मूड पर असर डाल रहा था, एक नकारात्मक फीडबैक लूप में और ज्यादा नकारात्मक भावों को ट्रिगर कर रहा था। उस दर्द की वजह से मैं केवल उन्हीं बातों पर केंद्रित हो पा रहा था, जो मेरे निजी जीवन से लेकर कार्यस्थल तक गलत हो रही थीं। नतीजन, कई घंटों या दिनों तक मैं उन्हीं नकारात्मक भावों में घिरा रहता।

मैं आपसे यह कहना चाहता हूँ कि आपका जीवन कितना भी अच्छा क्यों न हो, अगर आप अपना अधिकतर समय अपनी समस्याओं पर केंद्रित रहते हुए बिताते हैं, तो आप डिप्रेशन का शिकार होंगे। इस तरह, नकारात्मक भावों को कम करने के लिए, आपको अपनी समस्याओं को अलग–अलग हिस्सों में बाँटना सीखना होगा। जो मुद्दे आपस में कोई संबंध नहीं रखते, उन्हें एकसाथ जमा करके मन को उन पर बिसूरने की अनुमति न दें। इस तरह आपका मन और खराब महसूस करेगा और आपके हाथ कुछ नहीं आएगा। ऐसा करने के बजाय यह याद रखें कि ये नकारात्मक भाव केवल आपके मन की उपज हैं। अगर आप इन्हें अलग–अलग करके देखेंगे, तो ये अपने–आप में बड़ी बात नहीं हैं। और ऐसा कोई नियम नहीं, जो यह कहता है कि आपको इन्हें एकसाथ हल करना होगा।

यह देखना शुरू करें कि आप कैसा महसूस करते हैं। अपने नकारात्मक भावों को रिकॉर्ड करें। यह देखें कि ऐसा क्या है, जो इन्हें ट्रिगर करता है। आप यह अभ्यास जितना अधिक करेंगे, कुछ निश्चित ढाँचों को उतना ही सामने लाते जाएँगे। उदाहरण के लिए, मान लेते हैं कि आप दो दिन से बहुत उदास महसूस कर रहे हैं, स्वयं से निम्नलिखित प्रश्न करें:

- ऐसा क्या है, जो मेरे भावों को ट्रिगर करता है?
- ऐसा क्या था, जिसने उन्हें दो दिन तक जीवित रखा?
- मैं अपने–आप से क्या कहानी कह रहा था?
- मैं क्यों और किस तरह इनके जाल में उलझ गया?
- मैं इस घटना से क्या सीख ले सकता हूँ?

इन प्रश्नों का उत्तर देना बहुत महत्व रखता है और यह आपको आनेवाले समय में भी इसी तरह की परेशानियों को हल करने में मदद करेगा।

आपकी भावात्मक पहुँच

हमने पहले भी देखा कि आप अपनी भावात्मक अवस्था से जुड़े विचारों को अपनी ओर आकर्षित करते हैं। इसका विपरीत भी सच है। आप किसी दिये गए समय में जो सोच रहे हों, आप उससे विपरीत विचारों को अपनी ओर आकर्षित नहीं कर सकते। भले ही आप सकारात्मक सोच को अपनाने की कोशिश करें, आपका मन उसे ग्रहण ही नहीं करेगा। यही वजह है कि उदासी के दौरान, जब समय–समय पर आपके मन में सकारात्मक विचार आते हैं, तो आप उनसे तालमेल नहीं रख पाते और इस तरह आप अपनी भावात्मक अवस्था नहीं बदल सकेंगे।

आपका भावात्मक निर्देश बिंदु

क्या कभी ऐसा हुआ कि आप उदास हों और आपको खुश होने को कहा गया हो या फिर डिप्रेशन के दौरान आभार जताने को कहा गया हो? क्या इससे मदद मिली थी? बेशक नहीं मिली होगी। ऐसा इसलिए है कि आप जिस भावात्मक अवस्था में थे, उसने आपको उन भावों तक जाने ही नहीं दिया होगा।

ईस्टर और जैरी हिक्स अपनी क़िताब *आस्क एंड इट इज गिवन* में एक मॉडल देते हैं, जो बताता है कि भावात्मक रेंज आपस में कैसे जुड़े होते हैं और हम कैसे कदम दर कदम नकारात्मक से सकारात्मक भावों की ओर जा सकते हैं। उदाहरण के लिए, उनके मॉडल में, डिप्रेशन या असहाय भाव को निचले पायदान पर रखा गया है और उसके बाद गुस्से की बारी आती है। इसका मतलब है कि जब आप डिप्रेशन में हों, तो गुस्से के लक्षण दिखाते हैं कि आप भावात्मक सीढ़ी चढ़ रहे हैं। यह बात समझ आती है। जब आप गुस्से में हों, तो डिप्रेशन की तुलना में आपके पास अधिक ऊर्जा होती है, है न?

हाल ही में, कुछ समय तक डिप्रेशन में रहने के बाद, मुझे गुस्सा भी आने लगा। किसी वजह से मैं अपने दिमाग में चल रहे किस्सों और बहानों से तंग आ गया था और मैंने उस गुस्से का इस्तेमाल करते हुए, उन

कामों को करना चाहा जिन्हें अब तक नकारता आ रहा था। नतीजन, मैं गतिशीलता पाने में सफल रहा और भावात्मक सीढ़ी चढ़ पाया।

जब भी आप नकारात्मक भावों का अनुभव करें, तो उन भावों को देखें जो आपको और अधिक ऊर्जा देते हों। गुस्से जैसे तथाकथित नकारात्मक भाव की मदद से आप और भी अशक्त करने वाले भावों से छुटकारा पा सकते हैं, जैसे असहाय महसूस करना। केवल आपको पता है कि आप कैसा महसूस करते हैं। इस तरह, अगर गुस्सा बेहतर लग रहा हो, तो उसे स्वीकार करें।

भाव और मानसिक कष्ट

क्या आपको पता था कि आप अपने जीवन में बहुत–से अनावश्यक कष्ट को न्यौता देते हैं? हर बार, जब भी आप कुछ सोचते हैं, तो उसके साथ एक भाव पैदा होता है और आपको कष्ट होता है। इसका एक अच्छा उदाहरण यह होगा कि आप शारीरिक पीड़ा के लिए क्या प्रतिक्रिया देते हैं। जब भी आपको दर्द महसूस होता है तो आपकी पहली प्रतिक्रिया उसकी व्याख्या करने की होती है। जब आप ऐसा करते हैं, तो आपके मन में नकारात्मक भाव आते हैं। इन विचारों के साथ आपकी पहचान ही मानसिक कष्ट की वजह बनती है। इस जगह ऐसे कुछ विचार दिए जा रहे हैं, जो इन परिस्थितियों में आपके दिमाग में आ सकते हैं:

- अगर यह दर्द कभी समाप्त न हुआ, तो?
- अगर मैं इस दर्द की वजह से किसी भी तरह का काम नहीं कर सका, तो?
- अगर यह और बदतर होता गया, तो?
- अगर मुझे सर्जरी करवानी पड़ी, तो?
- अगर मैं काम पर नहीं जा सका, तो? मुझे एक जरूरी परियोजना पर काम करना है और मुझे उसे समय पर पूरा करना होगा।
- इस पीड़ा के साथ, आज का दिन चुनौतीपूर्ण होने वाला है।
- मेरे पास पैसा नहीं है। अगर हालात बदतर होते गए, तो मैं अस्पताल का बिल कैसे भर सकूँगा?

यह आंतरिक संवाद कष्ट पैदा करता है, पर यह किसी भी तरह से आपकी समस्याओं को हल करने में सहायक नहीं होता। आप चाहें तो किसी भी तरह की चिंता की परवाह न करते हुए, अब भी सही कदम उठाकर अपने काम कर सकते हैं। नकारात्मक भाव कोई समस्या नहीं होते, आप इन भावों से जो मानसिक कष्ट बना लेते हैं, वह आपके लिए परेशानी बनता है।

मानसिक कष्ट का एक और उदाहरण है–किए जाने वाले कामों को टालना। क्या आपने कभी किसी काम को दिनों या महीनों तक टाला है और जब उसे पूरा किया, तो आपको अहसास हुआ कि उसे पूरा करना इतनी बड़ी बात भी नहीं थी? मैंने ऐसा किया है। असल में उस काम से ज्यादा, उससे जुड़ी चिंता मेरे लिए परेशानी की वजह थी।

या फिर शायद आपने पूरी नींद नहीं ली और खुद से कहते रहे कि आज का दिन बुरा होने वाला है। जब आपने पूरे दिन में किए जाने वाले कामों की कल्पना की, तो आपको अपने अंदर से थकान महसूस होने लगी।

मनोवैज्ञानिकों ने दिखाया है कि मानसिक कष्ट हमारी लगभग सारी ऊर्जा सोख लेता है। जो भी हो, सारा दिन मेज पर बैठने से थकान नहीं होनी चाहिए पर हममें से कई लोग दिन बीतने तक ऐसी थकान महसूस करते हैं। डेल कारनेगी अपनी क़िताब *हाउ टू स्टॉप वरिंग एंड स्टार्ट लिविंग* में लिखते हैं:

> 'अमेरिका के एक जाने–माने मनोविज्ञानी डॉ. ए.ए. ब्रिल इससे भी आगे निकल गए। उन्होंने घोषणा की, एक सेहतमंद पर लंबे समय तक बैठे रहने वाले कर्मचारी की सौ प्रतिशत थकान मनोवैज्ञानिक कारणों से होती है, जिस से हमारा तात्पर्य है भावात्मक कारण।'

–डेल कारनेगी

लोग स्वयं को भारी कष्ट के बीच पाते हैं। जब आप यह पुस्तक पढ़ेंगे, तो आपको अहसास होगा कि यह कितनी बड़ी मूर्खता है। आप अपने आसपास के लोगों को ऐसे अतीत पर बिसूरते पाएँगे, जिसे वे बदल

नहीं सकते। आप देखेंगे कि आपके परिवार के सदस्य और दोस्त ऐसे भविष्य की चिंता कर रहे हैं, जिसकी वे भविष्यवाणी नहीं कर सकते। वे लगातार ऐसी समस्या से जूझते रहते हैं, जो केवल उनके दिमाग में बसी है। हजारों वर्षों से, रहस्यदर्शी हमें बताते आए हैं कि समस्याओं का स्रोत हमारे मन में है। वे हमें लगातार अपने भीतर झाँकने को बोलते आए हैं। फिर भी आज कितने लोग ऐसे हैं, जो इस बात को सुन रहे हैं?

हममें से बहुत–से लोग अपनी समस्याओं के आदी हैं। इन बातों को भूलने के बजाय, हम शिकायत करते हैं, हम स्वयं को शोषित मानते हैं, दूसरे लोगों को दोष देते हैं या फिर समस्याओं को हल करने के बारे में सोचे बिना उनके लिए शिकायत करते रहते हैं। इस मानसिक कष्ट को कम करने के लिए, हमें अपने भावों की नकारात्मक व्याख्या करने से मना कर देना चाहिए।

समस्या का अस्तित्व क्यों नहीं होता है?

अगर हम एक और कदम आगे चलें और यथार्थ को वस्तुनिष्ठ तरीके से देखें, तो हम कह सकते हैं कि समस्या असल में नहीं होती। इसकी वजह है:

- आप जिस पर केंद्रित नहीं होते, उसका अस्तित्व नहीं होता:
  एक समस्या तभी समस्या बनती है, जब आप उस पर ध्यान देते हैं। आपके मन के नजरिए से, आप जिस बात पर ध्यान नहीं देते, वह उसके लिए कोई वजूद नहीं रखती। आइए इसके लिए एक काल्पनिक उदाहरण लें। मान लेते हैं कि आपने अपनी टाँगें खो दी हैं। अगर आप इस बात को तत्काल स्वीकार कर, इसके बारे में सोचना बंद कर देते हैं, तो ऐसी कोई समस्या नहीं रहेगी और इस तरह आपको कोई मानसिक कष्ट नहीं होगा। आप बड़े आराम से अपनी असलियत के साथ जीते रहेंगे (बेशक, ऐसा आमतौर पर नहीं होता)।
- एक समस्या केवल समय में अस्तित्व रखती है:
  एक समस्या केवल अतीत या भविष्य में ही टिक सकती है। और अतीत व भविष्य का वास किस जगह है? आपके मन में।

किसी भी समस्या को मान देने के लिए आपको अपने विचारों का प्रयोग करना चाहिए और विचार मन में बसते हैं, आपके वर्तमान में नहीं।

- एक समस्या को लेबल करने के बाद ही वह समस्या बनती है: एक समस्या तभी बनती है, जब आप किसी हालात की व्याख्या समस्या के तौर पर करते हैं। अन्यथा, कोई समस्या होती ही नहीं है।

हालाँकि इस बात को समझने और मानने में थोड़ा समय लगेगा, पर यही मूल सिद्धांत है। अगले भाग में, हम आपके भावों पर प्रभाव डालने वाले विभिन्न कारकों की चर्चा करेंगे।

***

वर्कबुक की मदद से भावों की प्रकृति का अन्वेषण करें (*भाग–एक, भाव क्या हैं–भाग चार, भावों की प्रकृति*)

भाग–दो

ऐसा क्या है, जो आपके भावों को प्रभावित करता है

> 'आपका मन एक जाने–माने कंप्यूटिंग सिद्धांत गीगो के आधार पर काम करता है–गारबेज इन, गारबेज आउट। अगर आप कुछ बुरा करते हैं, बुरा बोलते और सोचते हैं, तो उसके अवशेष आपको बीमार कर देंगे। अगर आप अच्छा बोलते हैं, अच्छा काम करते हैं और अच्छा सोचते हैं, तो उसका नतीजा भी अच्छा ही होगा।'
>
> *–ओम स्वामी, ए मिलियन थॉट्स*

भाव जटिल होते हैं और बहुत सारे कारक इसे प्रभावित करते हैं कि आप कैसा अनुभव करते हैं। इस भाग में, हम उन कारकों पर चर्चा करेंगे, जो आपके भावों को प्रभावित कर रहे हैं। अच्छी खबर यह है कि आपका उनपर थोड़ा नियंत्रण है।

अगर हम आपके उत्तरजीवी तंत्र से उसी समय निकलने वाली प्रतिक्रियाओं को बाहर निकाल दें, तो आपके अधिकतर भाव स्वयं ही बनाये हुए हैं। आप जिस तरह से विचारों या घटनाओं की व्याख्या करते हैं, ये उसी से उपजे हैं।

हालाँकि केवल यही कारक आपकी भावात्मक अवस्था को प्रभावित नहीं

करते। आपका शरीर, आपकी आवाज, आपका किया जाने वाला भोजन या फिर आपकी नींद आदि भी आपके भावों की गुणवत्ता को प्रभावित करते हैं, जिनकी वजह से आपके जीवन की गुणवत्ता पर भी असर होता है।

आइए देखें, इनमें से प्रत्येक कारक आपके भावों को कैसे प्रभावित करता है।

अध्याय–चार

आपके मूड पर नींद का प्रभाव

आपकी नींद की गुणवत्ता और आप कितनी नींद लेते हैं, इसका प्रभाव आपकी भावात्मक अवस्था पर होता है। आपने स्वयं अनुभव किया होगा कि नींद पूरी न होने पर आपको कैसा अनुभव होता है। शायद आप चिड़चिड़ा महसूस करते हैं, एकाग्र होने में परेशानी होती है, शरीर बेजान–सा लगने लगता है और आपको नकारात्मक भावों से निपटने में परेशानी होती है।

नींद की कमी आपके मूड पर कई तरह से असर डाल सकती है।

व्याकुलता और डिप्रेशन से ग्रस्त लोगों पर हुए एक शोध के अनुसार, इनमें से अधिकतर लोग रात को छह घंटों से भी कम नींद ले रहे थे।

नींद की कमी जानलेवा हो सकती है। 2016 में हुए एक अध्ययन में, एक गैर–लाभकारी संस्था रैंड यूरोप के शोधकर्ताओं ने पाया कि छह घंटे की नींद लेने वाले लोगों में उन लोगों की तुलना में मृत्यु दर अधिक रही, जो अंदाजन सात से नौ घंटों की नींद लेते थे। उसी अध्ययन से पता चला कि नींद की कमी से हर साल यूएस की अर्थव्यवस्था को 411 बिलियन डॉलर की कीमत चुकानी पड़ती है।

यह एक दिलचस्प बात है कि नींद की कमी से एक व्यक्ति की सकारात्मक अनुभव पाने की योग्यता भी घट जाती है। एक अध्ययन में पाया गया कि

जहाँ पूरी नींद लेने वालों ने अपने अनुभवों से सकारात्मक आनंद पाया, वहीं नींद की कमी से जूझने वालो में ऐसा कोई प्रभाव नहीं पाया गया।

नींद की गुणवत्ता में सुधार कैसे हो

ऐसे कई उपाय हैं, जिनकी सहायता से आप नींद की गुणवत्ता सुधार सकते हैं। आइए, इन पर चर्चा करें:

- यह ध्यान रहे कि आपके सोने के कमरे में अंधेरा हो: कई अध्ययनों से पता चला है कि कमरा जितना अंधेरा होगा, हमें उतनी बेहतर नींद आएगी। अगर आपके कमरे में पूरी तरह से अंधेरा नहीं हो पाता, तो इसके लिए आप क्या कर सकते हैं? आप स्लीप मास्क ले सकते हैं या फिर ऐसे पर्दे लगा सकते हैं, जिन्हें लगाने के बाद रोशनी को पूरी तरह से रोका जा सके।
- बिजली से चलने वाले उपकरणों को दूर रखें: यह आपके स्मार्टफोन्स, टैबलेट्स और टीवी आदि पर लागू होता है। स्लीप फाउंडेशन संस्था के अनुसार,'कई अध्ययनों से पता चला है कि हमारे छोटे–से–छोटे इलेक्ट्रॉनिक उपकरण से निकलने वाली थोड़ी–सी रोशनी भी दिमाग को गलत संकेत देती है, जिससे नींद आने में दिक्कत होती है। वयस्क होने के नाते, हम अक्सर इनके प्रभाव में रहते हैं और हमारे बच्चे भी इस जोखिम से परे नहीं हैं।' पीएनएएस में, 2014 में प्रकाशित एक अध्ययन के अनुसार मेलाटॉनिन नामक केमिकल, जो कि नींद के ढाँचे को नियमित करता है, वह उन सहभागियों में पचास प्रतिशत तक घटा हुआ पाया गया, जो पुस्तकों के बजाय इलेक्ट्रॉनिक डिवाइस पर पढ़ने का काम कर रहे थे। इन लोगों को नींद आने में दस मिनट का अतिरिक्त समय लगा और इनकी गहरी नींद के दस मिनट कम रहे जिसे रैम स्लीप भी कहते हैं। उन लोगों ने यह भी शिकायत की कि वे सुबह उठने पर पूरी तरह से चुस्त महसूस नहीं कर रहे थे। अगर आपके उपकरण में भी रात के समय लाइट जलती रहती है, तो यह आपकी नींद पर नकारात्मक प्रभाव डाल सकती है। आप उसकी नाइट सेटिंग

बदल दें और आपकी नींद के ढाँचों पर इसका असर देखा जा सकता है। अगर आपको रात को इनका इस्तेमाल करना ही पड़े, तो चश्मा लगाकर रखें, इस तरह इनसे निकलने वाली नीली रोशनी को ब्लॉक कर सकते हैं। बेहतर होगा कि आप सोने जाने से पहले कुछ घंटों तक चश्मा पहनकर रखें।

- अपने मन को रिलैक्स करें: अगर आप मेरी तरह हैं, तो आपके दिमाग में भी रात को सोते समय बहुत सारे दिमागी घोड़े दौड़ते होंगे। मैं अक्सर नए विचारों या किए जाने वाले कामों के लिए बहुत उत्साही हो जाता हूँ। नतीजन, ऐसा लगने लगता है कि दिन में कई काम अधूरे रह गए और यही सोच रात को गहरी नींद नहीं आने देती। मैंने पाया कि रात को सोने से पहले इलेक्ट्रॉनिक डिवाइस बंद करने के अलावा शांत संगीत सुनने से भी असर पड़ता है। कोई पुस्तक पढ़ना भी एक अच्छा उपाय हो सकता है (जब तक मैं उसे पढ़ने के लिए इतना उत्साही नहीं हो जाता, जो कि कई बार हुआ है)
- रात को सोने जाने से पहले दो घंटों के दौरान पानी की अधिक मात्रा न लें: बेशक़ आप जानते ही होंगे पर मुझे लगा कि आपको बता ही देना चाहिए। अगर आपको बार–बार आधी रात को उठकर बाथरूम जाना पड़े, तो नींद के ढाँचे में बाधा आएगी। इस तरह आपका अगला दिन और भी थकान भरा हो सकता है।
- शाम के लिए एक रूटीन बना लें: ऐसा करने से ही आपको गहरी नींद लेना आसान हो जाएगा। रोज रात को लगभग एक ही समय पर सोने जाने की कोशिश करें। सप्ताहांत में भी यही रूटीन बनाए रखें। अगर आपको सप्ताह के अंत के दिनों में देर तक जागने की आदत है, तो यह आपके लिए एक चुनौती हो सकती है पर मैं आपको प्रोत्साहित करूँगा कि आप कोशिश करें और देखें कि यह कितनी कारगर रहती है। अगर आपके पास शाम का नियत रूटीन होगा, तो सुबह के लिए भी रूटीन बनाना आसान रहेगा। आप सुबह लगभग एक ही समय पर सोकर उठेंगे, पहले से कहीं तरोताजा महसूस होगा। अगर आपको

सप्ताह के अंत में बाहर जाना हो और आने में रात को देर हो, तो इतना तो कर ही सकते हैं कि अगले दिन सुबह देर तक न सोते रहें और चाहें तो दिन में एकाध झपकी ले सकते हैं।

अगर आपको सही तरह से नींद लेने में परेशानी महसूस हो रही हो, तो पीछे दिये गए कुछ उपाय आजमा कर देखें। मेरी ओर से सबसे अच्छी सलाह यही है कि आप तब तक अलग–अलग रणनीतियों को आजमाते रहें, जब तक अपने लिए सबसे बेहतर उपाय न खोज लें।

अध्याय–पाँच

भावों को प्रभावित करने के लिए आपके शरीर का प्रयोग

'हमारे शरीर, हमारे मन को बदलते हैं, हमारे मन हमारे व्यवहार को बदलते हैं और हमारे व्यवहार हमारे नतीजों को बदलते हैं।'

–एमी कडी, सोशल साइकोलॉजिस्ट

बॉडी लैंग्वेज और पोस्चर

अगर आप अपनी बॉडी लैंग्वेज और पोस्चर (शारीरिक हाव–भाव और भंगिमा) बदल सकें, तो आप अपनी भावना भी बदल सकते हैं। जब आप प्रसन्न और आत्मविश्वास से भरपूर होते हैं, तो उस समय आप अपने–आप को फैलाते हुए और बड़ा बना लेते हैं। क्या आपने कभी ध्यान दिया कि कुछ पुरुष किसी आकर्षक स्त्री को देखते ही अपनी पीठ सीधी करके छाती फुला लेते हैं और पेट अंदर खींच लेते हैं? यह अनजाने में ही किया जाने वाला व्यवहार उनके आत्मविश्वास और ताकत को दिखाता है (उसी तरह जैसे गुरिल्ला अपनी छाती पीटते हैं)।

हॉर्वर्ड बिजनेस स्कूल की सामाजिक मनोविज्ञानी एमी कडी ने दिखाया कि जिन सहभागियों ने दो मिनट तक हाई–पावर पोज को अपनाया, वे

आत्मविश्वास से भरपूर ताकतवर लोगों के लक्षणों का प्रदर्शन कर सके। इससे भी खास बात यह रही कि उनमें निम्नलिखित हारमोन संबंधी बदलाव पाये गए:

दो मिनट तक हाई–पावर पोज को अपनाने के बाद:

- टेस्टोस्टेरॉन 25 प्रतिशत तक बढ़ा
- कोर्टीसोल दस प्रतिशत तक घट गया
- जोखिम के लिए सहनशीलता बढ़ी, सहभागियों में से 86 प्रतिशत ने क़िस्मत से जुड़े खेलों में भाग लिया।

दो मिनट तक लो–पावर पोज अपनाने के बाद:

- टेस्टोस्टेरॉन दस प्रतिशत तक घटा
- कोर्टीसोल पंद्रह प्रतिशत तक बढ़ गया
- जोखिम के लिए सहनशीलता घटी, सहभागियों में से 60 प्रतिशत ने किस्मत से जुड़े खेलों में भाग लिया।

जैसाकि आप देख सकते हैं, आप अपने शरीर और चेहरे की भाव–भंगिमा में बदलाव लाकर, वास्तव में अपने भाव बदल सकते हैं। कई लोग इसके लिए कहते हैं–*फेक इट अनटिल यू मेक इट'* (दिखावा करो जब तक आप वैसे बन नहीं जाते)। उदाहरण के तौर पर, आप चाहें तो खुशी महसूस करने के लिए चेहरे पर मुस्कान सजा सकते हैं। इसके विपरीत, आप अपनी शारीरिक भंगिमा या पोस्चर में बदलाव लाकर मूड को नकारात्मक रूप से प्रभावित कर सकते हैं और यहाँ तक कि डिप्रेशन भी पैदा कर सकते हैं।

डेविड के. रेनॉल्ड्स अपनी पुस्तक *कंस्ट्रक्टिव लिविंग* में लिखते हैं कि कैसे उन्होंने अपने आल्टर ईगो डेविड केंट के लिए अपनी पहचान बदली, और उसे एक आत्महत्या की प्रवृत्ति रखने वाला रोगी बनाया। लक्ष्य एक अज्ञात रोगी के रूप में विभिन्न मनोरोग सुविधाओं में स्वीकार किया जाना था ताकि उनका अंदर से आकलन किया जा सके। यह ध्यान रहे कि वे डिप्रेशन को उत्तेजित नहीं कर रहे थे, वे असल में डिप्रेशन से ग्रस्त थे।

मनोवैज्ञानिक जाँचों ने इसे प्रमाणित किया। इस तरह उन्होंने डिप्रेशन पैदा किया:

> आप कुर्सी में लुढककर बैठें, कंधे झुके हों और सिर नीचे लटका हो। इन शब्दों को बार–बार दोहराते रहें: 'कोई कुछ नहीं कर सकता। कोई मदद नहीं कर सकता। यह निराशाजनक है। मैं असहाय हूँ। मैंने हार मानी।' अपना सिर हिलाकर आह भरते हुए रोने लगें। बस आपको डिप्रेशन में होने का अभिनय करना है और कुछ ही देर में आप स्वयं को डिप्रेशनग्रस्त देखेंगे।

डेविड के. रेनाल्ड्स, कंस्ट्रक्टिव लिविंग

व्यायाम से होने वाले लाभ

मिशेल ओटो, बोस्टन यूनिवर्सिटी में साइकोलॉजी प्रोफेसर हैं, उनका कहना है, 'बुरा महसूस करने पर व्यायाम न करने का अर्थ वही है, मानो आप आप सिर में दर्द होने पर एस्पिरिन नहीं ले रहे।

जब डेविड केंट के लिए, डेविड के. रेनॉल्ड्स को वापिस सजीव करने का समय आया, तो आपके हिसाब से उसे क्या करना पड़ा? उसे अपनी शारीरिक भंगिमा को बदलना था। कहना आसान है पर अगर आप क्लीनिकली डिप्रेशन के शिकार हैं, तो आपके लिए ऐसा कर पाना और भी कठिन हो जाता है। फिर भी उसे स्वयं को शारीरिक तौर पर सक्रिय रहने के लिए स्वयं को विवश करना पड़ा, जबकि वह ऐसा करना नहीं चाहता था। ज्यों ही उसने अपनी शारीरिक गतिविधि बढ़ाई और व्यस्त हुआ, तो उसे बेहतर लगने लगा और वह पूरी तरह से स्वस्थ हो गया।

डेविड केंट की कहानी दिखाती है कि नियमित व्यायाम करने से न केवल आपके शारीरिक स्वास्थ्य बल्कि मूड पर भी असर होता है। अध्ययनों से पता चला है कि व्यायाम करने से हल्के डिप्रेशन को दूर किया जा सकता है, यह उसके लिए एंटीडिप्रेसेंट या अवसादरोधक का काम करता है। जेम्स ब्लूमेंथल, ड्यूक यूनिवर्सिटी में क्लीनिकल मनोविज्ञानी हैं, उन्होंने एक अध्ययन में कहा कि डिप्रेशन संबंधी डिसऑर्डर वाले वयस्कों को चार

समूहों में रखा गया: नियंत्रित व्यायाम, घर में किए जाने वाले व्यायाम, अवसादरोधक थेरेपी या फिर प्लेसबो पिल्स। चार महीने के बाद पाया गया कि जिन रोगियों को व्यायाम और अवसादरोधक उपचार मिला था, उन्हें सबसे अधिक लाभ हुआ। जेम्स का कहना था कि व्यायाम का प्रभाव भी एंटीडिप्रेसेंट की तरह ही होता है।

जब उन्होंने एक साल बाद उन्हीं रोगियों पर दोबारा अध्ययन किया तो पता चला कि नियमित रूप से व्यायाम करने वाले लोगों में, कभी–कभार व्यायाम करने वालों की तुलना में डिप्रेशन की मात्रा कम पाई गई। व्यायाम से न केवल डिप्रेशन के उपचार में मदद मिली बल्कि वह बहुत कम मात्रा में दोबारा हुआ। जब भी आपके भावों को साधने की बात हो, तो अपने टूलबॉक्स में व्यायाम को शामिल करना न भूलें।

सौभाग्य से, आपको व्यायाम का लाभ पाने के लिए दिन में दस मील दौड़ने की जरूरत नहीं है। बस आपको सप्ताह में पाँच दिन तीस मिनट तक चलना है और यही आपके लिए कमाल कर सकता है। पीएलओएस मेडिसिन में प्रकाशित शोध के अनुसार, दो या ढाई घंटों का साप्ताहिक व्यायाम भी आपके जीवनकाल में सवा तीन वर्ष का समय बढ़ा सकता है। डेनमार्क में हुए एक और अध्ययन में पता चला कि जो व्यक्ति नियमित तौर पर व्यायाम करते हैं, वे व्यायाम न करने वाले आरामपसंद जीवनशैली जीने वालों की तुलना में पाँच से सात वर्ष अधिक जीवित रहते हैं।

आपके मूड पर व्यायाम के प्रभाव देखे जाएँ, तो उससे अल्पकालीन और दीर्घकालीन दोनों तरह के लाभ होते हैं। माइकल ओटो मनोविज्ञानी और प्रोफेसर हैं, उनका कहना है कि हल्के व्यायाम करने के पाँच मिनट के भीतर आपके मूड में सुधार आने लगता है। और जैसाकि हमने देखा, नियमित तौर पर व्यायाम करने से आपकी दीर्घकालीन मानसिक सेहत में सुधार होता है और यह किसी एंटीडिप्रेसेंट की तरह प्रभावकारी हो सकता है।

आप अपने लिए क्या कहेंगे? आप अपने मानसिक और शारीरिक स्वास्थ्य में सुधार के लिए कौन–सी गतिविधि अपनाना चाहेंगे?

अध्याय–छह

भावों को प्रभावित करने के लिए आपके विचारों का प्रयोग

'आप जो सारा दिन सोचते हैं, वही बनते हैं।'

राल्फ वाल्डो इमर्सन, निबंधकार और कवि

आपके विचार ही परिभाषित करते हैं कि आप क्या हैं और वे आपका यथार्थ रचते हैं। यही वजह है कि आपको अपने विचारों को उस दिशा में निर्देशित करना चाहिए, जो आप चाहते हों; वह न सोचें जो आप नहीं चाहते। जैसाकि सफलता विशेषज्ञ ब्रायन ट्रेसी ने कहा है, 'अपने सजग मन को उन चीजों पर केंद्रित करना ही सफलता की कुंजी है, जिन्हें हम चाहते हैं। हमें उन चीजों पर केंद्रित नहीं होना जिनसे हम भयभीत होते हैं।'

ध्यान के लाभ

बौद्ध धर्म में, मन को प्रायः 'मंकी मन' की संज्ञा दी जाती है। बौद्ध धर्म के अनुयायी मानते हैं कि मनुष्य के विचार किसी बंदर की तरह हैं, जो बेचैनी से एक से दूसरी शाखा पर लटकते और कूदते रहते हैं। वे इधर–उधर हर जगह दिखाई देते हैं और किसी एक जगह नहीं टिकते। ध्यान की मदद से हम उन्हें पालतू बना सकते हैं और उनकी बेचैनी का उपचार कर सकते हैं। जब आप ध्यान करते हैं, तो आप अपने मन में

लगातार उठ रहे विचारों के लिए सजग होते हैं। अभ्यास के बल पर, आप स्वयं को अपने विचारों से अलग करना सीख सकते हैं, उनकी ताकत कम कर सकते हैं, उनके प्रभाव को घटा सकते हैं। नतीजन, आप कम नकारात्मक भावों का अनुभव करेंगे और मन भी शांत रहेगा।

मानसिक चित्रण के लाभ

क्या आपको पता था कि आपका अवचेतन मन स्पष्ट तौर पर असली और नकली अनुभवों में अंतर नहीं कर सकता? इसका मतलब होगा कि आप चाहें तो आसानी से, मानसिक चित्रण के माध्यम से वांछित अनुभवों को उत्तेजित करते हुए मन को मूर्ख बना सकते हैं। आप जितनी बारीकी से मानसिक चित्रण करेंगे, आपका दिमाग उस अनुभव को उतना ही असली मानेगा।

आप मानसिक चित्रण की सहायता से आभार, उत्साह, आनंद आदि भाव पैदा कर सकते हैं, अपने मन को और अधिक सकारात्मक अनुभव पैदा करने के लिए कंडीशंड कर सकते हैं। आप चाहें तो, *कंडीशनिंग योर माइंड* भाग में आप इसकी विस्तार से जानकारी ले सकते हैं।

अध्याय–सात

भावों को प्रभावित करने के लिए शब्दों का प्रयोग

आपके शब्द आपके विचारों और भावों पर इतना असर डालते हैं कि आप कल्पना तक नहीं कर सकते। क्योंकि आपके विचार, शब्द और व्यवहार आपस में जुड़े हैं, इसलिए वे एक–दूसरे को प्रभावित करते हैं। उदाहरण के लिए, जब आप में आत्मविश्वास की कमी होती है, तो आप ऐसे शब्दों का प्रयोग कर सकते हैं:

मैं कोशिश करूँगा

उम्मीद करता हूँ

काश! ऐसा हो पाता।

दूसरी तरह से देखें तो कुछ निश्चित शब्दों का प्रयोग आपके आत्मविश्वास को कम कर सकता है। इसका मतलब यह भी है कि कुछ खास शब्दों का प्रयोग आपके आत्मविश्वास को बढ़ा भी सकता है जैसेः *मैं कर लूँगा*।

- मैं करियर बदल लूँगा
- मैं इस परियोजना को इस महीने के अंत तक पूरा कर लूँगा

इन शब्दों के प्रयोग से आप कहीं अधिक आशावादी सुनाई देते हैं। अगर आप कहते हैं–*आशा करता हूँ कि करियर में बदलाव आ सके। शायद*

महीने के अंत तक परियोजना पूरी हो जाए। इन वाक्यों से आपके अंदर आत्मविश्वास की कमी झलकती है।

अपने आत्मविश्वास को बढ़ाने के लिए, आपको ऐसे शब्द बोलने चाहिए, जिनसे आपका आत्मविश्वास झलके। उनमें आत्मसंदेह का भाव नहीं होना चाहिए।

किन शब्दों का प्रयोग न करें:

- होता/कर पाता/ करना चाहिए/ कर सकूँ
- कोशिश/उम्मीद/काश
- हो सकता है/शायद
- अगर सब ठीक रहे
- अगर सब ठीक हो

इनकी बजाय कुछ ऐसे शब्दों का प्रयोग करें:

- मैं करूँगा
- बेशक
- यकीनन
- निःसंदेह
- पक्का
- निश्चित रूप से
- क्यों नहीं
- कोई समस्या नहीं

सकारात्मक अभिकथनों की शक्ति

सकारात्मक अभिकथन ऐसे वाक्य हैं, जो आप स्वयं से नियमित रूप से तब तक कहते रहते हैं, जब तक आपका अवचेतन मन उन्हें सच नहीं मान लेता। समय के साथ वे आपको मन को कंडीशन करने में सहायक होते हैं, ताकि आप सकारात्मक अनुभवों का आनंद पा सकें जैसे आत्मविश्वास या आभार। मन को कंडीशन करने के बारे में अधिक जानकारी पाने के लिए इस भाग को देखें, *आपके मन की कंडीशनिंग*

सकारात्मक अभिकथन का प्रयोग कैसे करें

- वर्तमान काल का प्रयोग करें (मैं करता हूँ), भविष्य काल का प्रयोग न करें (मैं करूँगा)
- नकारात्मक रूप से अपनी बात न कहें जैसे, 'मैं शरमीला नहीं।' आपको कहना चाहिए, 'मैं आत्मविश्वासी हूँ'।
- वाक्य को बार–बार पाँच मिनट तक दोहराते रहें।
- पूरे एक महीने तक या फिर उससे भी अधिक समय तक दोहराना उचित होगा।
- मानसिक चित्रण का प्रयोग करते हुए अपने भाव शामिल करें।

शक्तिशाली अभिकथनों के कुछ उदाहरणः

- मुझे आत्मविश्वासी होना पसंद है
- मैं दूसरों के अच्छे या बुरे मत से मुक्त हूँ
- मैं किसी से नीचे नहीं और कोई मुझसे नीचे नहीं
- मैं तुमसे प्यार करता हूँ ... दर्पण में नाम लेकर यह वाक्य कहें जैसे थीबो, मैं तुमसे प्यार करता हूँ। (वैसे सुनने में अटपटा लगता है, है न?)
- धन्यवाद

अभ्यास

- प्रतिदिन पाँच मिनट तक सकारात्मक अभिकथन का प्रयोग करें
- उन शब्दों पर ध्यान दें, जिनसे संकल्पबद्धता, आत्मविश्वास और दृढ़ता की कमी का पता चलता है। अपने ई–मेल दोबारा देखें और उनके वाक्यों में दिये गए निर्देशों के अनुसार बदलाव करें। अगले तीन सप्ताह तक, स्वयं को चुनौती दें कि आप ऐसे शब्दों का प्रयोग नहीं करेंगे, जिनसे आत्मविश्वास की कमी झलकती हो।

अतिरिक्त टिप

विश्व–प्रसिद्ध लाइफ कोच, टोनी रॉबिन्स लंबे समय से, किसी भी मीटिंग या सेमीनार शुरू होने से पहले इसका प्रयोग करते आ रहे हैं, जिसे वे

'मंत्र' का नाम देते हैं। वे अपने शरीर और उपयुक्त वाक्यों के बल पर स्वयं को ऐसी अवस्था में ले आते हैं, जिसमें वे स्वयं को पूरी तरह से सुनिश्चित पाते हैं। आप जब भी अपने अभिकथन दोहरा रहे हों, तो अपने शरीर का भी प्रयोग करें। याद रहे, आपके शरीर और शब्द, दोनों ही आपके भावों को प्रभावित करते हैं।

अध्याय–आठ

आपकी श्वास आपके भावों को कैसे प्रभावित करती है

आप भोजन या नींद के बिना कई दिनों तक रह सकते हैं, पर ऑक्सीजन के बिना कुछ मिनट भी नहीं जी सकते। हालाँकि साँस लेना एक सहज क्रिया है, पर कई लोग सही तरह से श्वास या साँस लेना नहीं जानते। नतीजन, वे उतनी ऊर्जा पैदा नहीं कर पाते, जितनी ऊर्जा पैदा कर सकते हैं। ऐसे लोग दूसरे लोगों की तुलना में जल्दी थक जाते हैं, जिससे उनके मूड पर असर होता है और वे ज्यादा नकारात्मक भावों का अनुभव करते हैं।

सही तरह से साँस लेने से आपको कई तरह के लाभ हो सकते हैं। साँस लेने की गति धीमी करने से व्याकुलता कम हो सकती हैं। गुरुचरण सिंह खालसा और योगी भजन ने *ब्रेथवाकः ब्रीदिंग योर वे टू रीवाइटालाइज्ड बॉडी, माइंड एंड स्पिरिट* में धीमी गति से साँस लेने यानी स्लो ब्रीदिंग के निम्नलिखित लाभ बताए हैं:

- प्रति मिनट आठ श्वास चक्रः तनाव से राहत और सजगता में वृद्धि।
- प्रति मिनट चार श्वसन चक्रः सजगता की गहरी भावनाएँ, देखने की योग्यता में वृद्धि, शारीरिक संवेदनाओं का बढ़ना।

- एक श्वसन चक्र प्रति मिनटः मस्तिष्क के गोलार्द्धों के बीच आदर्श तालमेल, व्याकुलता, भय और तनाव से मुक्ति।

जब आप तेज गति से साँस लेते हैं यानी *ब्रेथ ऑफ फायर* विधि का प्रयोग करते हैं, तो इससे भी तनाव से छुटकारा मिलता है; यह आपको और कई लाभ देने के अलावा सजग और ऊर्जान्वित बनाती है (आप चाहें तो यू ट्यूब से इसके बारे में विस्तार से जान सकते हैं)। साँस लेने का तरीका बदलने से आपके मूड को कैसे बदला जा सकता है, इसके बारे में और अधिक जानकारी पाने के लिए *ब्रेथवाकः ब्रीदिंग यूअर वे टू रीवाइटालाइज्ड बॉडी, माइंड एंड स्पिरिट* नामक पुस्तक पढ़ें। आप चाहें तो इस बारे में और जगह से भी जानकारी ले सकते हैं।

अध्याय–नौ

आपका वातावरण आपके भावों को कैसे प्रभावित करता है

आपका वातावरण भी आपकी भावनाओं को प्रभावित करता है। वातावरण से मेरा अभिप्राय, आपके आसपास की हर चीज से है, जो आपको प्रभावित कर सकती है। यह आपके साथ रहनेवाले लोग, आपके देखे गए टीवी शोज या आपके रहने की जगह हो सकती है। उदाहरण के लिए, नकारात्मक रिश्तेदार आपको नीचा दिखा सकते हैं या काम की बिखरी हुई मेज भी काम से परे ले जा सकती है।

मैंने देखा है कि जब मैं उत्साहहीन महसूस करता हूँ, तो उस समय काम करने की मेज समेटने, कमरे को व्यवस्थित करने या कंप्यूटर की फाइलों को नए सिरे से लगाने पर अक्सर मेरी प्रेरणा और उत्साह लौट आते हैं।

आप अपने वातावरण की मदद से अपने भावों को कैसे बदल सकते हैं, इसके लिए यह भाग देखें–*अपने वातावरण को बदलें।*

अध्याय–दस

संगीत आपके भावों को कैसे प्रभावित करता है

हम सभी जानते हैं कि संगीत हमारे मूड को प्रभावित करता है। किसने वर्कआउट करते हुए रॉकी का गाना नहीं सुना होगा? उदहारण के लिए, संगीतः

- थके होने पर रिलैक्स होने में मदद करता है
- आपको उत्साहहीन होने पर प्रोत्साहित करता है
- जिम में एनर्जी बनाए रखता है
- आपके लिए आभार आदि भावनाओं को बढ़ाने में सहायक होता है
- आपको सकारात्मक मानसिकता में बनाए रखता है

कुछ अध्ययनों से पता चला है कि सकारात्मक संगीत सुनने से लोगों को अपने मूड को निखारने में मदद मिलती है। 2012 में हुए एक अध्ययन के अनुसार, सहभागियों ने बताया कि दो सप्ताह के दौरान, पाँच बार, बारह मिनट तक सकारात्मक गाना सुनने से उनका सकारात्मक मूड और भी बढ़ा। यह भी एक रोचक तथ्य था कि यह उन्हीं सहभागियों पर क़ारगर रहा, जिन्हें कहा गया था कि वे अपने मूड को सुधारने की कोशिश करें। अन्य सहभागियों ने मूड में सुधार के बारे में कुछ नहीं कहा।

2014 में हुए एक और अध्ययन में दिखाया गया कि संगीत नकारात्मक मूड को घटाते हुए आत्मविश्वास को बढ़ा सकता है:

> विशेष तौर पर, मनोवैज्ञानिक तौर पर संगीत की मध्यस्थता के महत्वपूर्ण नतीजों को मूड से जुड़े पहलुओं पर देखा जा सकता है। ये डिप्रेशन और उद्वेग को घटाने में मदद करता है, जिससे भावात्मक अभिव्यक्ति सहज होती है। व्यक्ति के भावनात्मक अभिव्यक्ति, बातचीत और मिलनसारिता के गुणों में और जीवन की गुणवत्ता से जुड़े पक्षों में निखार आता है।

पेन यूनिवर्सिटी के वेलेरी एन. स्ट्राटन, पीएचडी और एनी एच. जालानोवस्की ने भी मूड पर संगीत के प्रभाव के अध्ययन किए हैं। उन्होंने अपने छात्रों को दो सप्ताह तक संगीत डायरी लिखने को कहा। उन्होंने निष्कर्ष दिया:

> हमारे छात्रों ने संगीत सुनने के बाद न केवल सकारात्मक भावों का अनुभव पाया बल्कि उनके पहले से सकारात्मक भावों को भी संगीत सुनने से और गहरा होने में सहायता मिली।

यह भी एक रोचक बात है कि छात्र किस तरह का संगीत सुन रहे थे या किस जगह थे, इस बात से नतीजों पर कोई असर नहीं हुआ। चाहे उन्होंने रॉक संगीत सुना या फिर क्लासिकल या वे कार में थे या घर में; संगीत ने उनके मूड को सुधारने में मदद की।

मन को कंडीशन या अनुकूलित करने के लिए संगीत का प्रयोग

आप चाहें तो एक और कदम आगे जाते हुए, संगीत की शक्ति से अपने मन को अनुकूलित कर सकते हैं, उसकी कंडीशनिंग कर सकते हैं। आपको अपनी भावात्मक ज़रूरतों के हिसाब से सुने जाने वाले संगीत की प्लेलिस्ट तैयार करनी होगी। गानों की प्लेलिस्ट बनाने में समय लगता है, पर ये आपके बहुत काम आती है। विश्वस्तरीय एथलीट और कोच क्रिस्टोफर बर्गलैंड खुद को प्रेरित रखने और बेहतर प्रदर्शन करने के लिए संगीत का प्रयोग करते हैं। वे अपने आलेख *साइकोलॉजी टुडे* में लिखते हैं:

एक एथलीट होने के नाते, मैंने चरम प्रदर्शन के लिए एक आदर्श मानसिकता बना ली है और समय की कसौटी पर ख़रे उतरे हुए संगीत को इस संशोधित अहं और मन की अजेय अवस्था को बनाए रखने के लिए प्रयुक्त करता हूँ। मेरे प्रशिक्षणों और दौड़ों के दौरान यह स्पष्ट हुआ कि बुरे–से–बुरे मौसम के बीच भी या फिर जब मैं शारीरिक कष्ट में था, तब भी मैं संगीत और अपनी कल्पना की सहायता से एक समानांतर ब्रह्मांड बना सकता था, जिसका मेरे यथार्थ से कोई लेना–देना नहीं था। मैंने आशावादी होने के लिए संगीत का प्रयोग किया और अपनी गंभीर–से–गंभीर दौड़ों के प्रदर्शन के दौरान हमेशा पानी के गिलास को आधा भरा हुआ देखने की आशावादी सोच बनाए रखी। आप चाहें तो संगीत को साधन के तौर पर इस्तेमाल कर सकते हैं, जब आप वर्कआउट कर रहे हों या अपने दैनिक जीवन में उसका प्रयोग कर सकते हैं।

क्रिस्टोफर किसी बड़े इंटरव्यू या सार्वजनिक रूप से लोगों के बीच अपनी बात रखने से पहले भी संगीत सुनना पसंद करते हैं। निजी तौर पर, मुझे ऐसा संगीत सुनना पसंद है, जिसमें कृतज्ञता ज्ञापन का अवसर मिले। आपको क्या पसंद है? आप संगीत की सहायता से अपने मूड में सुधार कैसे ला सकते हैं?

अभ्यास–विभिन्न प्रकार के संगीतों के साथ प्रयोग

विभिन्न प्रकार के संगीतों के साथ प्रयोग करें और देखें कि आप उन्हें मूड में सुधार के लिए कैसे इस्तेमाल कर सकते हैं। उदाहरण के लिए, आप चाहें तो ध्यान करने के लिए संगीत का प्रयोग कर सकते हैं। वर्कआउट करने या होमवर्क करने के लिए इसका इस्तेमाल कर सकते हैं। जब आप ऐसा करें, तो निम्नलिखित बातों को ध्यान में रखें:

- हर कोई अलग हैः कोई गाना केवल इसलिए न सुनें कि वह लोकप्रिय है। उसे इसलिए सुनें कि वह आपको वैसा महसूस करवा रहा है, जैसा आप महसूस करना चाहते हैं। हम सभी

संगीत में अलग–अलग रुचि रखते हैं। केवल यही बात मायने रखती है कि आप संगीत सुन कर कैसा अनुभव करते हैं।

- प्रयोग करते रहें: अलग–अलग तरह का संगीत सुनें और देखें कि आप कैसा अनुभव करते हैं। क्या आप प्रेरित हुए? क्या आपको प्रोत्साहन मिला? क्या आप प्रसन्न और रिलैक्स हुए? अपने अलग–अलग मूड के हिसाब से अपने लिए संगीत की प्लेलिस्ट तैयार करना आरंभ करें।

***

एक्शन स्टेप

वर्कबुक की सहायता से नई रणनीतियाँ तैयार करें ताकि आप भावों को बेहतर नियंत्रित कर सकें (*भाग–दो। ऐसा क्या है, जो आपके भावों को प्रभावित करता है।*)

भाग–तीन

आप अपने भाव कैसे बदल सकते हैं

'मन हमेशा किसी नई चीज को नकार कर उससे बचना चाहता है। दूसरे शब्दों में, आप अपने मन से जितनी पहचान जोड़ेंगे, उतना ही कष्ट होगा। या फिर इसे इस तरह भी कह सकते हैं: आप नयेपन का जितना सम्मान करते हुए उसे स्वीकारेंगे, आपको कष्ट और पीड़ा से उतनी जल्दी मुक्ति मिलेगी–आप अहंग्रस्त मन से छुटकारा पा सकेंगे।'

–एक्हार्ट टोल, द पावर ऑफ नाउ

इस भाग में, हम यह देखेंगे कि आप नकारात्मक भावों से जूझते हुए, मन को कंडीशन कैसे कर सकते हैं कि वह और अधिक सकारात्मक अनुभव पा सके।

सबसे पहले, हम यह देखेंगे कि भाव कैसे बनते हैं। फिर हम देखेंगे कि सकारात्मक सोच का क्या लाभ है और इसे आपके मन को कंडीशन करने के लिए कैसे इस्तेमाल कर सकते हैं। इसके बाद, हम यह देखेंगे कि सकारात्मक सोच ही काफी क्यों नहीं और आप नकारात्मक भावों से बचने के लिए क्या कर सकते हैं। इसके अलावा, आप यह भी सीखेंगे:

- अपने भावों से कैसे मुक्त हों

- अपनी कहानी को बदलकर, उसे एक सशक्त कहानी में कैसे बदलें
- अपने मन को कैसे कंडीशन करें
- अपने व्यवहार के बल पर अपने भावों को कैसे बदलें
- नकारात्मक भावों को कम करने के लिए अपने वातावरण में सुधार कैसे लाएँ

अंत में, मैं आपके साथ अल्पकालीन और दीर्घकालीन रणनीतियों को बाँटना चाहूँगा, जिनकी मदद से नकारात्मक भावों से बेहतर तरीके से निपटा जा सकता है।

चलिए, शुरू करते हैं:

अध्याय–ग्यारह

भाव कैसे बनते हैं?

'जब कोई विचार आपके मन के कैनवास पर उभरता है, अगर आप उसे परे नहीं करते, तो वह एक इच्छा या भाव का रूप ले लेगा, जो सकारात्मक या नकारात्मक हो सकती है।'

–ओम स्वामी, ए मिलियन थॉट्स

बहुत कम लोग जानते हैं कि भाव कैसे बनते हैं। हालाँकि हम सारा दिन उनका अनुभव करते हैं, पर कभी यह समझने का समय नहीं निकालते कि हम कुछ खास तरह के अनुभवों को क्यों अनुभव कर रहे हैं और वे अस्तित्व में कैसे आए।

सबसे पहले, हमें दो तरह के नकारात्मक भावों में अंतर करना होगा। पहली तरह के नकारात्मक भाव वे हैं, जिन्हें आप लगातार अनुभव करते हैं। ये उस तरह के भाव हैं, जिन्होंने हमारे पूर्वजों को जीवित रखा, जैसे किसी जंगली जानवर को देखकर होने वाला भय।

दूसरी तरह के नकारात्मक भाव वे हैं, जिन्हें आप अपने विचारों से पहचान देते हुए अपने मन में स्थान देते हैं। इन भावों का ट्रिगर बाहरी घटनाओं में होना जरूरी नहीं–हालाँकि ऐसा हो भी सकता है। ये भाव पहली तरह के भावों की तुलना में लंबे समय तक रहते हैं। ये कुछ इस तरह काम करते हैं:

अचानक मन में एक विचार आता है। आप उससे लगाव दिखाते हैं और यह लगाव भावात्मक प्रतिक्रिया पैदा कर सकता है। जब आपका इस विचार से जुड़ाव और पहचान बने रहते हैं, तो इससे जुड़ा भाव तब तक और मजबूत होता रहता है, जब तक वह एक मूल भाव नहीं बन जाता। आइए, इसके कुछ उदाहरण देखें:

- आपको पैसे की दिक्कत है और दिमाग में जब भी पैसे से जुड़ा विचार आता है, तो आप उससे जुड़ाव बना लेते हैं। नतीजन, पैसे के बारे में आपकी चिंता कई गुना हो जाती है।
- आपकी अपने दोस्त से बहस हुई और आपस में दोस्ती टूट गई। आप उस सीन को मन में बार–बार दोहराते रहते हैं। नतीजन, महीनों बीत गए और आपने दोस्ती को बनाए रखने के लिए फोन तक नहीं किया।
- आपसे काम के दौरान भूल हुई और आप शर्मिंदा हैं। आप बार–बार वही बात सोच रहे हैं। नतीजन, आपके अंदर अधूरेपन की भावना बढ़ती जाती है।

नकारात्मक सोच से जुड़ाव की आपकी प्रवृत्ति को दोहराने से वे मजबूत होते जाते हैं। आप वित्तीय चुनौतियों पर जितना अधिक केंद्रित होते हैं, भविष्य में उससे जुड़े विचारों का उठना उतना ही आसान होगा। आप अपने दोस्त के साथ होने वाली बहस को दिमाग में जितना दोहराते रहेंगे, बैर या नाराजगी का भाव उतना ही बढ़ता जाएगा। इसी तरह, जब आप काम के दौरान हुई भूल को बार–बार याद करते रहेंगे, तो आपके मन में शर्मिंदगी का भाव बढ़ता रहेगा। असल बात यह है कि जब आप इस तरह के विचारों को बढ़ावा देते हैं, तो वे तेजी–से फैलकर प्रबल हो जाते हैं। केवल उनके साथ पहचान जोड़ने से ही, वे आपके मन को अपने बस में करने लगते हैं। इसके अलावा यह भी मायने रखता है कि आप उनकी व्याख्या किस तरह करते हैं, यह वजह भी जीवन में कष्ट का कारण बन सकती है।

अब और विस्तार से देखते हैं कि आपके भाव कैसे बनते हैं। ये आपको नकारात्मक भावों से निपटने में सहायक होगा और इसके साथ ही

सकारात्मक भावों को सामने आने में मदद मिलेगी। इस जगह यह बताया जा रहा है कि भाव कैसे बनते हैं:

व्याख्या + पहचान + दोहराव = मजबूत भाव

- व्याख्या–जब आप किसी घटना या विचार का अपनी कहानी या निजी किस्से के हिसाब से व्याख्या करते हैं।
- पहचान–जब आप किसी विचार के उठते ही उसके साथ अपनी पहचान जोड़ लेते हैं
- दोहराव–एक जैसे विचारों को बार–बार पैदा करना
- मजबूत भाव–ये तब होते हैं, जब आप किसी भाव को इतनी बार अनुभव करते हैं कि वह आपकी पहचान का हिस्सा बन जाता है। तब आप संबंधित विचार या घटना के ट्रिगर होते ही उस भाव को अनुभव करते हैं।

कुल मिलाकर, व्याख्या, पहचान और दोहराव भावों को विकसित होने में मदद करते हैं। इसके विपरीत, जब आप इस समीकरण से एक भी कारक घटा देते हैं, तो आप पर इन भावों का प्रभाव घटने लगता है।

संक्षेप में, अगर किसी भाव की गहराई और अवधि को बढ़ाना हो, तो पहले आपको घटना या विचार की व्याख्या करनी होगी। विचार के मन में आते ही आपको उससे पहचान जोड़नी चाहिए, आपको बार–बार उस विचार को दोहराना चाहिए–और उससे अपनी पहचान जोड़नी चाहिए।

आइए, इस फार्मूले के बारे में और विस्तार से चर्चा करें।

1. व्याख्या

व्याख्या + पहचान + दोहराव = मजबूत भाव

आपकी घटनाओं की व्याख्या से ही नकारात्मक भाव उपजते हैं। यही वज़ह है कि दो लोग, एक ही घटना के लिए अलग–अलग व्याख्या दे सकते हैं। हो सकता है कि एक व्यक्ति बहुत दुखी हो जाए और दूसरे व्यक्ति को कोई फर्क ही न पड़े।

उदाहरण के लिए, एक किसान के लिए बारिश वरदान हो सकती है, पर किसी पिकनिक पर जाने के लिए तैयार व्यक्ति को शाप लग सकती है। यह सब घटना को अपना अर्थ देने की वजह से होता है। संक्षेप में, अगर नकारात्मक भाव को पैदा करना है, तो आपको किसी घटना को अपनी व्याख्या देनी होगी। वह घटना आपकी मर्जी के बिना, अपने–आप नकारात्मक भावों को ट्रिगर नहीं कर सकती।

आपको लगातार नकारात्मक भावों का अनुभव क्यों होता है? मेरा मानना है कि ऐसा इसलिए होता है, क्योंकि आपकी असलियत और अपेक्षाओं का मेल नहीं हो पाता।

- आप चाहते हैं कि असलियत कुछ और हो, पर वह निकलती कुछ और है।
- आप पिकनिक पर जाने के लिए अच्छा मौसम चाहते हैं, पर बारिश होने लगती है।
- आप काम में प्रमोशन चाहते हैं, पर आपको प्रमोशन नहीं मिलती।
- आप अपने साइड बिजनेस से पैसा कमाना चाहते हैं, पर वह काम नहीं आ रहा।

वास्तविकता या यथार्थ की यह व्याख्या ही आपके जीवन में कष्ट का कारण बनती है। वास्तविकता असल में कभी निराश नहीं करती। यह दोहराने योग्य बात है। हम अगले भाग में इस पर विस्तार से चर्चा करेंगे कि आप अपनी व्याख्या कैसे बदल सकते हैं। भाग का नाम है: *अपनी कहानी बदलना।*

2. पहचान

व्याख्या + पहचान + दोहराव = मजबूत भाव

अब, हमें फ़ार्मूले के दूसरे भाग पर विचार करना होगा।

अगर आप चाहते हैं कि एक भाव लंबे समय तक बना रहे, इसके लिए पहचान की एक प्रक्रिया होनी चाहिए। भाव तब तक नहीं बने रह सकते,

जब तक आप उनकी ओर ध्यान नहीं देते। आप अपने भावों पर जितना अधिक केंद्रित होंगे–और उनसे अपनी पहचान और जुड़ाव रखेंगे–वे उतने ही शक्तिशाली होते रहेंगे।

लोग अक्सर अपने भावों से जुड़ने की इच्छा महसूस करते हैं और फिर आगे जाकर उन्हें अपने–आप को उनसे अलग करना मुश्किल हो जाता है। उन्हें दुनिया का सबसे अहम सच ही समझ नहीं आता। आप अपने भाव नहीं हैं। आपके भाव आते और जाते रहेंगे।

तो जब भी आप स्वयं को कहते सुनें, 'मैं उदास हूँ' तो याद रहे कि आप सही नहीं कह रहे। कोई भी कभी उदास नहीं हो सकता, क्योंकि आपके भाव आप नहीं हैं। वे आपके आगे प्रकट हो सकते हैं, परंतु वे उसी तरह ओझल हो जाएँगे जैसे आकाश से बादल छँट जाते हैं। स्वयं को सूर्य मानें और याद रखें सूर्य हमेशा आकाश में होता है, चाहे आपको उसका अहसास हो या न हो–चाहे वह बादलों की ओट में हो या न हो।

आप अपने भाव नहीं हैं। आप उदास नहीं है, आप कुछ ऐसी भावनाओं के बीच हैं, जिन्हें आप किसी समय पर उदासी का नाम दे सकते हैं। यह एक जरूरी बात है, आशा करता हूँ कि आप इस अंतर को समझ सकेंगे।

आपके भावों को देखने का एक और तरीका होगा कि आप पहने गए कपड़ों को देखें। आपने इस समय कौन–से भावात्मक कपड़े पहने हुए हैं? क्या वे उत्साह के कपड़े हैं? क्या वे डिप्रेशन या उदासी से बने हैं? यह याद रहे, आनेवाले कल में या एक सप्ताह बाद आप अलग ही कपड़ों में होंगे।

आप अपने कपड़े (भाव) कब तक पहने रखेंगे, यह इस बात पर निर्भर करेगा कि आपको उनसे कितना प्यार है (आप अपने भावों से कितना जुड़ाव रखते हैं)। एक भाव अपने–आप में शक्तिहीन होता है। आपकी इससे चेतन या अचेतन पहचान ही इसे शक्ति देती है। यही वजह है कि जिस भाव से आप पहचान नहीं जोड़ेंगे, वह अपने–आप ही मंद हो जाएगा। इसके लिए निम्नलिखित अभ्यास दोहराएँः

जब भी गुस्सा आए, तो कोई दूसरा काम करें, जिस पर आप पूरा ध्यान

दे सकें। आप देखेंगे कि आपका गुस्सा उसी समय छूमंतर हो जाएगा। इसके विपरीत, अगर आप गुस्से की भावनाओं के बीच बने रहे, तो आप देखेंगे कि वह बढ़ते–बढ़ते आपकी प्रमुख भावात्मक अवस्था हो गई है।

3. दोहराव

व्याख्या + पहचान, + दोहराव = मजबूत भाव

हमने देखा कि किसी घटना या विचार से जुड़ी आपकी व्याख्या ही तय करती है कि आप कैसा अनुभव करेंगे। हम यह भी जानते हैं कि जब आप अपने विचारों से जुड़ाव और पहचान रखते हैं, तो वे भाव बनते हैं। अब अगर आप निरंतर इस प्रक्रिया को दोहराते रहे, तो अपने मन को इन निश्चित प्रकार के भावों के अनुभव के लिए कंडीशन कर देंगे (सकारात्मक या नकारात्मक)।

उदाहरण के लिए, अगर आप इस बात पर केंद्रित रहते हैं, कि आपके दोस्त ने आपके साथ क्या किया (जो कि आपका मानना है), तो नाराजगी का भाव बढ़ता जाएगा। नतीजन, आपके मन में महीनों नाराजगी बनी रहेगी। लोग अक्सर यही करते हैं। वे निरर्थक और नकारात्मक भावों को अपने मन में बनाए रखते हैं और केवल इसलिए क्योंकि वे उनसे मुक्त नहीं हो पाते।

इसके विपरीत, अगर आप स्वयं को नाराजगी के भाव से मुक्त करके केवल उन्हें देख सकें, तो समय के साथ उनकी ताकत जाती रहेगी और उनसे जुड़ी नाराजगी भी नहीं बचेगी। असल में, अगर आपने नाराजगी के भाव को मन में आते ही विदा कर दिया होता, तो ये भावनाएँ भी उसी समय ओझल हो चुकी होतीं। हम इस भाग में देखेंगे कि आप अपने भावों से कैसे मुक्त हो सकते हैं, *'अपने भावों से मुक्त होना'*

***

एक्शन स्टेप

इस वर्कबुक की मदद से पिछले नकारात्मक भावों का मुकाबला करें *(भाग तीन–अपने भावों को कैसे बदलें–भाव कैसे बनते है)*

वे सभी अवसर याद करें, जब आपने गुस्से, उदासी, कुंठा, भय और डिप्रेशन का अनुभव किया था। अब लिखें कि इनमें से प्रत्येक के लिए क्या हुआ थाः

- व्याख्या–कौन–सी घटना घटी और कौन–से विचार पैदा हुए?
- पहचानः आपने इन विचारों के लिए कैसे प्रत्युत्तर दिया?
- दोहराव–क्या आपने बार–बार उन विचारों के साथ अपनी पहचान कायम की?

अध्याय–बारह

अपनी व्याख्या बदलें

'किसी कसाईघर को देखकर आपके मन में नकारात्मक भाव आ सकते हैं, जबकि ये किसी बिजनेस के मालिक के लिए सकारात्मक और मशीन ऑपरेटर के लिए सहज हो सकते हैं। सब कुछ इस बात पर निर्भर करता है कि आपको कंडीशन (अनुकूलित या प्रशिक्षित) कैसे किया गया है।'

–ओम स्वामी, ए मिलियन थॉटस

किसी भी घटना या विचार में अपने आप में ऐसी कोई शक्ति नहीं होती कि वह आपकी भावात्मक अवस्था में बदलाव ला सके। आप किसी घटना या विचार की व्याख्या का जो तरीका खोजते हैं, उससे ही भाव पैदा होते हैं। यही कारण है कि दो लोग एक ही घटना के लिए अलग–अलग तरह से प्रतिक्रिया दे सकते हैं। एक व्यक्ति समस्या को देखकर बाहरी हालात को कोसेगा और दूसरा ऐसा अवसर देखेगा जिसे अपनाकर लाभ उठाया जा सकता है। एक व्यक्ति काम करते हुए अटक जाएगा और दूसरा प्रगति करेगा।

आप घटनाओं की जिस तरह व्याख्या करते हैं, उसका आपके जीवन की धारणाओं से गहरा संबंध है। कुल मिला कर, यह अनिवार्य है कि हम पहले उन धारणाओं पर विचार करें, जो इन व्याख्याओं की ओर ले जाती हैं।

अपनी धारणाओं की पड़ताल

किसी भी भावात्मक अवस्था में प्रवेश के लिए, आप कुछ निश्चित धारणाएँ बनाते हैं कि चीजों को कैसा होना चाहिए। ये धारणाएँ ही आपके लिए वस्तुनिष्ठ यथार्थ रचती हैं। चूँकि आपको विश्वास होता है कि आप सही हैं, इसलिए आप उन पर कोई सवाल नहीं उठाते।

इस जगह आपकी ओर से बना ली गई कुछ धारणाओं के उदाहरण दिये गए हैं:

- समस्याओं से बचना चाहिए
- यह एक समस्या है
- मुझे सेहतमंद होना चाहिए
- मैं सत्तर साल तक जीवित रहूँगा
- मुझे अवश्य शादी करनी चाहिए
- शिकायत करना सामान्य बात है
- अतीत को याद करके रोने में कोई बुराई नहीं है
- मुझे भविष्य की चिंता करनी है
- मैं तब तक प्रसन्न नहीं रह सकता, जब तक...... (इस जगह अपना उत्तर लिखें)।

अब इनमें से प्रत्येक धारणा पर विचार करें:

समस्याओं से बचना चाहिए: अनेक लोग अपनी समस्याओं से छुटकारा पाना चाहते हैं, पर अगर आप ऐसा नहीं कर सकते या करना नहीं चाहते तो? निस्संदेह, कुछ लोगों की परेशानियाँ दूसरों की परेशानियों से बेहतर होती हैं, पर परेशानी तो सबके जीवन में है। आपको कोई परेशानी नहीं होनी चाहिए, अगर ये धारणा ही गलत हो तो? अगर आपसे कहा जाए कि आपको अपनी समस्याओं के हल तलाशने होंगे और जीवन में समस्याओं के बिना हल होना संभव नहीं है? अगर आपसे कहा जाए कि समस्याओं को चुनौतियों की तरह लें, जिन्हें पार करना होता है–ये आपके जीवन का हिस्सा हैं?

यह एक समस्या है: आपने जिस चीज को समस्या मान लिया है, अगर

वह समस्या न हो, तो? अगर यह उतना मायने न रखती हो, जितना आपने सोच रखा था, तो? अगर यह छिपे हुए रूप में अवसर हुआ तो? और आप इसे ऐसा कैसे बना सकते थे?

मुझे सेहतमंद होना चाहिएः हम अक्सर अपनी सेहत की उपेक्षा करते हैं, पर हम इस बात की गारंटी नहीं ले सकते कि हम कल बीमार नहीं होंगे। अगर आपकी सेहत आपके लिए वरदान और एक डिफाल्ट स्थिति न हो? तब क्या आप अपनी सेहत को अलग तरह से न लेते?

मैं सत्तर साल तक जीवित रहूँगाः हो सकता है कि आप मानते हों कि आपकी उम्र लंबी होगी, पर अगर ऐसा न हो, तो? एक लंबी उम्र तो अपने–आप में वरदान होनी चाहिए, आपको इसका नाजायज फायदा नहीं उठाना चाहिए। खेद से कहना पड़ता है कि कई लोग कम आयु में ही चल बसते हैं, पर क्या यह कहना सही है? क्या यह कहना सही नहीं होगा कि वह सही समय पर इस संसार से गया। न तो बहुत बूढ़ा था और न ही बहुत जवान।

मुझे अवश्य शादी करनी चाहिएः हो भी सकता है और नहीं भी हो सकता। यह आपकी अपनी व्याख्या है। अक्सर ये 'अवश्य *चाहिए*' वही है, जो आपके अभिभावक या समाज आपसे अपेक्षा रखते हैं, पर इसका मतलब यह नहीं कि इन्हें इसी तरह होना चाहिए। ये अक्सर सांस्कृतिक नियम या कंडीशंड व्यवहार होते हैं।

शिकायत करना सामान्य बात हैः अधिकतर शिकायतें अहं का खेल हैं और इन्हें रचनात्मक नहीं मान सकते। इससे आपको मदद नहीं मिलती और न ही कुछ बदलता है। केवल इससे आपका अहं मजबूत होता है और लोगों को बुरा लगता है। बिना शिकायत के पूरा एक सप्ताह बिताकर देखें और देखें कि क्या होता है।

अतीत को याद करके रोने में कोई बुराई नहीं हैः हो सकता है कि आप पिछली बातों पर सिर खपाने में बहुत समय देते हों। हर कोई ऐसा करता है। पर क्या आपको अहसास है कि बीता हुआ समय केवल आपके मन में होता है और आप चाहे जो भी करें, आप इसे किसी भी हाल में बदल

नहीं सकते? अपने अतीत से सीख लेना लाभदायक हो सकता है, पर आपको इस पर अटके नहीं रहना चाहिए।

मुझे भविष्य की चिंता करनी है: एक हद तक आने वाले कल की चिंता से बचा नहीं जा सकता, पर इससे कोई मदद भी नहीं मिलती। आपको अपनी ओर से वर्तमान में सब कुछ बेहतरीन करना चाहिए ताकि आप अपने आने वाले समय की परेशानियों से अपना बचाव कर सकें।

मैं तब तक प्रसन्न नहीं रह सकता, जब तक..... (इस जगह अपना उत्तर लिखें): आपको प्रसन्न रहने के लिए संपूर्ण जीवन की आवश्यकता नहीं है। प्रसन्नता एक चुनाव है, जो आप रोज करते हैं। आपको इसका अभ्यास करना चाहिए जैसाकि हमने पहले भी देखा, बाहरी कारक आपकी प्रसन्नता को प्रभावित नहीं करेंगे।

ये उन कुछ धारणाओं के उदाहरण हो सकते हैं, जो आपने अपने मन में बना रखी हों। मेरी मंशा यही है कि आपको दिखाया जा सके कि आपकी व्याख्याएँ–और उनसे पैदा होने वाले भाव–उन्हीं धारणाओं की देन हैं, जो आपने संसार के बारे में बना रखी हैं। इस तरह, और अधिक सकारात्मक भावों को अनुभव करने के लिए, आपके लिए यह बहुत महत्व रखता है कि आप अपनी धारणाओं पर विचार करने के लिए समय निकालें।

अपनी व्याख्याओं का विश्लेषण करना

जैसाकि हमने पहले देखा, आप अपनी धारणाओं के आधार पर घटनाओं की व्याख्या करते हैं। इस जगह कुछ प्रश्न दिए जा रहे हैं, जिनकी मदद से आप यह समझ सकते हैं कि मेरा व्याख्याओं से क्या मतलब है।

- क्या आपको लगता है कि हर चीज का एक कारण होता है और आप उसे अपनाते हैं, या
- क्या आप यही मानते हैं कि आपके साथ बुरा हो रहा है?
- क्या आपको लगता है कि अस्थायी बाधा वे मील के पत्थर हैं, जो आपको सफलता की ओर ले जाने वाले हैं?
- क्या आप उन चीजों को बदलने की कोशिश करते हैं, जिन्हें बदला नहीं जा सकता?

- क्या आप उन्हें स्वीकार करते हैं?
- क्या आपको लगता है कि आप इस जगह एक कारण से हैं?
- क्या आप जीवन में बिना किसी उद्देश्य के भटक रहे हैं?
- क्या आपको लगता है कि समस्याएँ बुरी हैं और उनसे बचना चाहिए? या
- क्या आपको लगता है कि ये जीवन का अनिवार्य अंग हैं?

याद रखें, एक प्रसन्न जीवन जीने वाले और जीवन में दयनीय अवस्था में जीने वाले लोगों में यही अंतर होता है कि वे अपने जीवन की व्याख्या किस रूप में करते हैं।

***

एक्शन स्टेप

वर्कुबक की मदद से अपने भावों की व्याख्याओं को लिखें, (*भाग–तीन, अपने भावों को कैसे बदलें–दो, अपनी कहानी बदलना*।

लिखें:

- कोई एक या दो भावात्मक विषय, जिनसे अभी जूझ रहे हों। (स्वयं से पूछें: अगर मैं इनमें से कुछ भावों से मुक्त हो सका, तो इनमें से किसे खोने पर मेरे जीवन पर सबसे सकारात्मक प्रभाव होगा?)
- इन मामलों के लिए आपकी व्याख्या (स्वयं से पूछें, 'मुझे अपनी कहानी की सच्चाई को सही साबित करने के लिए क्या चाहिए होगा?)
- नई सशक्त करने वाली व्याख्याएँ, जो आपको इन मामलों से निपटने में सहायक हो सकती हैं (स्वयं से पूछें, 'मुझे किस बात पर विश्वास करना होगा ताकि इन नकारात्मक भावों के अनुभव से स्वयं को बचाया जा सके?)

अध्याय–तेरह

अपने भावों को मुक्त करें

'भाव केवल भाव हैं। वे आप नहीं हैं, वे तथ्य नहीं हैं और आप चाहें, तो उन्हें मुक्त कर सकते हैं।'

–हेल डवॉरकिन, द सैडोना मैथड

जैसाकि हमने देखा, *व्याख्या, पहचान और दोहराव* के कारण बहुत मजबूत भाव पैदा हो सकते हैं। इस भाग में, हम यह देखेंगे कि आप उन भावों से मुक्त होने के लिए क्या कर सकते हैं, जो आपको मनचाहा जीवन पाने में मदद नहीं कर रहे।

इ–मोशन यानी एनर्जी इन मोशन, पर जब आप एनर्जी को मूव करने या गतिशील होने से रोकते हैं, तो क्या होता है? यह जमा होने लगती है। जब आप अपने भावों को दबाते हैं, तो आप ऊर्जा के प्राकृतिक प्रवाह में बाधा दे रहे हैं।

खेद से कहना पड़ता है कि आपको यह कोई नहीं सिखाता कि आपको अपने भावों से कैसे निपटना है या फिर सकारात्मक और नकारात्मक, दोनों तरह के भाव होना एक सहज बात हैं। वे आपको कहते हैं कि आपको अपने नकारात्मक भावों को दबाना चाहिए क्योंकि वे बुरे होते हैं।

नतीजन हो सकता है कि आप बरसों तक अपने भावों को दबाए रखें।

ऐसा करने से, आप उन्हें अवचेतन में और गहराई तक छिपा देते हैं, उन्हें अपनी पहचान का हिस्सा बनने देते हैं। वे अक्सर ऐसे ढाँचे बनते हैं, जिनके बारे में आपको पता नहीं होता। उदाहरण के लिए, शायद आपको लग सकता है कि आप बहुत अच्छे नहीं हैं, या फिर आपको नियमित रूप से अपराध बोध का अनुभव होता है। ये उन विश्वासों के नतीजे हैं, जो आपने समय के साथ, अपने भावों को दबाते हुए विकसित किए हैं।

हममें से अधिकतर लोग बहुत सारा भावात्मक बोझ रखते हैं और हमें इससे मुक्त होना सीखना होगा। हमें अपने अवचेतन को व्यवस्थित करना होगा ताकि उन नकारात्मक भावों से छुटकारा मिल सके, जो हमें जीवन का भरपूर आनंद नहीं लेने दे रहे।

असल बात यह है कि आपके अवचेतन को इसी तरह प्रोग्राम किया गया है कि आपको जीवन से निपटने में मदद मिल सके। आपका अवचेतन इस बात का आश्वासन देता है कि आप ग़लती से भी श्वास लेना न भूलें। आपका दिल धड़कता रहे, आपके शरीर का तापमान बना रहे और इसके अलावा वे सभी काम अपने–आप होते रहें, जिन्हें पूरा करने के लिए किसी तरह के अलग विश्वासों की जरूरत नहीं है। इसके साथ ही इसे भावों को जमा करने की भी ज़रूरत नहीं है।

अगर आप भी अधिकतर लोगों की तरह हैं, तो आपके दिन का अधिकतर समय आपके दिमाग में ही बीतता होगा। नतीजन आप अपने भावों से कहीं दूर हो जाते हैं। अगर आपको अपने भावों को मुक्त करना है, तो पहले आपको उनके लिए सजग होना होगा, उसके लिए अपने शरीर और अपनी भावनाओं के संपर्क में आना जरूरी है।

इस जगह कुछ आसान से चरण दिए जा रहे हैं, जिनकी मदद से आप भावों से मुक्त होना सीख सकते हैं।

1. अपने भावों को अनासक्त भाव से देखें

जब भी कोई नकारात्मक भाव अनुभव हो, बस उसे जितना हो सके, उतनी अनासक्ति से देखें। इसका मतलब है कि आपको अपने शरीर के

संपर्क में आना है। आपको यह अहसास होना चाहिए कि आपके मन में आने वाला हर विचार या छवि अपने–आप में भाव नहीं होता, यह केवल आपकी अपनी व्याख्या है। यह कैसा अनुभव होता है, इस भावना का अभ्यास करें। भाव को पहचानने की कोशिश करें। ऐसा कोई उपाय सोचें, जिससे आप दूसरे को उस भाव के बारे में बताना चाहेंगे। याद रहे, आपको यह नही करना हैः

- उस भाव से जुड़ी अपनी कहानी पर ध्यान देना, और
- जब भी उस भाव का अनुभव हो, तो उससे पैदा होने वाले विश्वास और छवियों पर भरोसा करना।

2. अपने भावों को लेबल करें

याद रहे, भाव केवल अस्थायी अनुभव हैं या यह भी कह सकते हैं कि आपके पहने हुए कपड़ों की तरह हैं। वे 'आप' नहीं हैं।

जब आप किसी भाव का अनुभव करते हैं, तो आप इस तरह की बातें कहते हैं, 'मैं गुस्से में हूँ', 'मैं उदास हूँ' या 'मैं डिप्रेशन में हूँ।' अब यह देखें कि आप अपने भावों के साथ कितनी जल्दी पहचान जोड़ते हैं। हालाँकि यह तथ्यात्मक तौर पर गलत है। आप जिन भावों को अनुभव कर रहे हैं, उसका इस बात से कोई लेना–देना नहीं है कि असल में आप कौन हैं। अगर आप अपना डिप्रेशन होते, तो आप सारा दिन, अपने पूरे अस्तित्व के साथ डिप्रेशन में रहते। सौभाग्य से ऐसा नहीं है।

मान लेते हैं कि आप उदास हैं। तब अपने–आप को उदास कहने के बजाय, भाव को सही तरह से प्रकट करने का तरीका होगाः 'मुझे बुरा लग रहा है।' या 'मुझे उदासी अनुभव हो रही है।'

क्या आप देख सकते हैं कि यह, 'मैं उदास हूँ' कहने से कितना अलग है। इससे आपको अपने भावों से अलग होने के लिए और जगह मिलती है। आप अपने भावों के लिए जितने सजग होंगे, आप उन पर उतना ज्यादा लेबल करते हुए स्वयं को उनसे दूर कर सकेंगे और तब आपके लिए उनसे मुक्त हो पाना और आसान होगा।

3. अपने भावों से मुक्त हों

अक्सर, आप अपने भावों के साथ जरूरत से ज्यादा पहचान जोड़ते हैं और निम्नलिखित कारणों से, उनसे चिपके रहते हैं:

- वे उस कहानी का हिस्सा हैं, जो आप स्वयं को सुना रहे हैं। कई बार, आप किसी कहानी से मोह नहीं छोड़ पाते चाहे वह आपको कितना भी अशक्त क्यों न कर रही हो। जी, आप विनाश करने वाली कहानियों की लत के शिकार हो सकते हैं, जबकि आपको अच्छी तरह पता होता है कि वे किसी भी तरह से आपकी मदद नहीं करने वालीं।
- आपको लगने लगता है कि वह भाव आप हैं और आपको उनके साथ पहचान जोड़ने की गहरी इच्छा पैदा होती है। आप इस विश्वास के जाल में उलझ सकते हैं कि आप भाव हैं। नतीजन, आप उनके साथ अपनी पहचान जोड़ लेते हैं, जिससे आपके लिए कष्ट पैदा होता है।

असली जीवन के उदाहरण

मेरा नियमित तौर पर मानना था कि मैं अपने–आप में पर्याप्त नहीं था। नतीजन, मैंने मानना शुरू कर दिया कि मुझे कड़ी मेहनत करनी चाहिए। यह विश्वास मुझे दैनिक लक्ष्यों की सूची तक ले गया जिन्हें सुबह से लेकर रात तक पूरा करने के बाद भी पूरा करना संभव नहीं था। मैं अक्सर अपने लक्ष्यों से पीछे छूट जाता, जिससे इस विश्वास को बल मिलता कि मैं अपने–आप में पर्याप्त नहीं था।

जब यह विश्वास हुआ कि यह एक कहानी थी, तो मैंने खुद को इस विश्वास से दूर ले जाना शुरू कर दिया। ऐसा करने के बाद, मैंने ध्यान दिया कि मैं असल में उतना ही काम तब भी कर रहा था, पर मुझे तनाव लेने या जूझने की जरूरत नहीं थी। मैं अब भी इस विषय पर काम कर रहा हूँ, पर इस प्रक्रिया से मुझे बहुत बल मिला है।

चुनौती से भरा हिस्सा यही था कि मुझे अपनी कहानी के मोह से मुक्त होना था, जिसके लिए निम्नलिखित को छोड़ना आवश्यक था:

- यह विश्वास कि मैं अपने–आप में पूरा नहीं था और मुझे कड़ी मेहनत करनी चाहिए।
- मुझे अधिकतर लोगों से ज्यादा मेहनत करने पर जिस गर्व का अहसास होता था
- कड़ी मेहनत करने पर भी मनचाहे नतीजे हाथ न आते, तो मैं विक्टिम मानसिकता का शिकार होता
- यह सोचना कि मैं कुछ 'विशेष' था
- इस दुनिया को बदलने की जरूरत है, और
- अपने कामों के नतीजों को अपने बस में करने की इच्छा।

जैसाकि आप देख सकते हैं, मूल भावों का त्याग करना सहज नहीं होता। वे हमारी पहचान का हिस्सा बन जाते है। और हम अक्सर उनसे एक तरह का आनंद लेने लगते हैं। हम यह भी सोच सकते हैं कि उनके बिना हम क्या होते।

4. भावों से मुक्त होने के लिए पाँच चरणों की प्रक्रिया

अपनी पुस्तक द *सेडोना मैथड* में हेल बताते हैं कि भावों के उठते ही उन्हें मुक्त करने के तीन अलग तरीके हो सकते हैं। आप चाहें तोः

1. उन्हें मुक्त कर सकते हैं। जब आप नकारात्मक भावों का अनुभव करें, तो आप चाहें तो उनसे जुड़ाव करने या उन्हें दबाने के बजाय सजग भाव से चुनाव कर सकते हैं।
2. उन्हें अपने साथ होने की अनुमति दें। आप चाहें तो उनसे जुड़ाव रखे बिना ही उनके अस्तित्व को मान दे सकते हैं या चाहें तो जुड़ाव रखने के बाद ऐसा करें।
3. उनका स्वागत करें। आप चाहें, तो उन्हें स्वीकार करते हुए यह पता लगा सकते हैं कि उन भावों के मूल में क्या है।

हेल के अनुसार, हर मामले में पहला चरण यही होगा कि आप भावों के उठते ही उनके लिए सजग हों। फिर वे भावों से मुक्त होने के लिए पाँच चरणोंवाली प्रक्रिया सुझाते हैंः

पहला चरणः किसी ऐसे निश्चित भाव पर केंद्रित हों, जिस पर आप काम

करना चाहेंगे ताकि आप बेहतर अनुभव कर सकें। इसे बड़ा 'भाव' होने की जरूरत नहीं है। यह कोई छोटी बात भी हो सकती है, जैसे आप किसी खास परियोजना पर काम नहीं करना चाहते या आप किसी बात से खीझे हुए हैं।

दूसरा चरणः अपने–आप से निम्नलिखित में से एक प्रश्न करें:

1. क्या मैं इस भावना से मुक्त हो सकता था?
2. क्या मैं इस भावना को आने की अनुमति दे सकता था?
3. क्या मैं इस भावना का स्वागत कर सकता था?

आप किस ओर जाना चाहते हैं, उसके अनुसार ही उसे मुक्त करें, अनुमति दें या स्वागत करें, फिर निम्नलिखित प्रश्न का उत्तर दें।

तीसरा चरणः फिर स्वयं से पूछें, 'क्या मैं ऐसा करता?;

1. क्या मैं इस भावना को जाने देता?
2. क्या मैं इस भावना को इस जगह होने की अनुमति देता?
3. क्या मैं इस भावना का स्वागत करता?

अपने साथ ईमानदारी रखते हुए हर प्रश्न का उत्तर 'हाँ' या 'न' में दें। क्या आपको लगता है कि आप भाव को जाने दे सकते हैं/ अनुमति दे सकते हैं या भाव का स्वागत कर सकते हैं? अगर आप इंकार भी करेंगे, तो भी आपको इससे मुक्त होने में मदद मिलेगी।

चौथा चरणः स्वयं से पूछें, 'कब?'

आपका उत्तर होगाः 'अभी।' आप उसी समय उस भाव से मुक्त हो सकेंगे।

पाँचवाँ चरणः उस विशेष भावना को ओझल करने के लिए जितना ज्यादा हो सके, इस प्रक्रिया को दोहराते रहें।

हो सकता है कि आप इस तकनीक को सरल और अप्रभावी समझकर नक़ारना चाहें। ऐसा न करें। इसे स्वयं आजमाएँ। याद रहे, आप अपने भाव नहीं हैं। उन्हें मुक्त करने के अभ्यास के साथ ही आपको इस सार्वभौमिक सच का अहसास होगा। जब आप भावों को मुक्त करने का

सजग चुनाव करें, तो उनका दिल से स्वागत करें और उन्हें उपस्थित होने की अनुमति दें? आपको इस बात की पूरी और गहरी समझ मिलेगी कि भाव कैसे काम करते हैं और उनसे मुक्त कैसे हो सकते हैं।

***

एक्शन स्टेप

वर्कबुक में इससे संबंधित भाग में काम करें ताकि आप अपने भावों से मुक्त होना सीख सकें (*भाग–तीन, भाव कैसे बनते हैं–तीन, अपने भावों से मुक्त होना*)

उन सभी भावों की सूची तैयार करें, जिनसे आप मुक्त होना चाहेंगे। शायद आपको ऐसा लग सकता है कि आप अपने–आप में पूरे नहीं हैं। शायद आप विलंब की आदत से जूझ रहे हैं और अपराध बोध व शर्मिंदगी का अनुभव कर रहे हैं। हो सकता है कि आप अतीत में हुई किसी बात के लिए स्वयं को दोष दे रहे हों या आपको आने वाले कल की चिंता हो। जो भी आपके मन में आए, उसे लिखें। फिर इस जगह दिये गए तरीके को लागू करें।

एक भाव चुनें और स्वयं से पूछें:

- क्या मैं इस भावना से मुक्त हो सकता था?
- क्या मैं ऐसा करता (हाँ या नहीं)
- कब (अभी)

अगर आप पहले–पहल सफल न हों, तो चिंता न करें। आपके पास भविष्य में भी अभ्यास करने के अनेक अवसर आएँगे।

अध्याय–चौदह

अधिक सकारात्मक भावों को अनुभव करने के लिए अपने मन को कंडीशन करें

> 'यह देखने की कोशिश करें कि एक व्यक्ति या घटना से जुड़ा कोई विचार, केवल उस व्यक्ति या घटना से जुड़ा विचार है। यह उनके बारे में आपकी सोच है, जो आपको वैसा महसूस कराती है जैसा आप करते है। आप जो अनुभव करते हों, उसे बदलने के लिए, अपनी सोच बदलें।'
>
> *–वेरनोन हॉवर्ड, द पावर ऑफ योर सुपरमाइंड*

हमने पहले भी यह चर्चा की कि भाव कैसे बनते हैं और हमने आपके संग वह प्रक्रिया भी बाँटी, जिसे आप नकारात्मक भावों को मुक्त करने के लिए प्रयुक्त कर सकते हैं। आइए, अब देखें कि आप अपने मन को कंडीशन कैसे कर सकते हैं ताकि जीवन में गहन सकारात्मक भावों का अनुभव पा सकें।

आप वही हैं जिसके बारे में आप अधिकतर समय सोचते हैं

हजारों वर्षों से रहस्यदर्शी हमें बताते आए हैं कि हम अपने ही विचारों का निचोड़ हैं। बुद्ध ने कहा है, *'आप जो सोचते हैं, आप वही हैं।* निबंधकार और कवि राल्फ वाल्डो इमर्सन के शब्दों में, *'हम पूरा दिन जिसके बारे*

में सोचते हैं, वही बन जाते हैं'। जबकि महात्मा गांधी ने कहा था, *'एक आदमी अपने विचारों की ही उपज है'*।

जेम्स एलन अपनी क्लासिक पुस्तक, *'एज ए मैन थिन्केथ'* में लिखते हैं,

> कोई इंसान अपनी सोच में बदलाव ला सके, तो वह यह देख हैरान होगा कि उसके जीवन की भौतिक दशाओं में कितनी तेजी–से रूपांतरण होगा। मनुष्य कल्पना करते हैं कि विचार को गुप्त रख सकते हैं; पर ऐसा नहीं कर सकते; यह बड़ी तेजी–से आदत में बदलता है और आदत ही हालात में बदलती है।
>
> *–जेम्स एलन*

अपने भावों का नियंत्रण अपने हाथों में लेने के लिए आवश्यक है कि आप यह समझें कि आपके विचार, आपके भावों को पैदा करने में क्या भूमिका निभाते हैं। आपके विचार कुछ निश्चित भावों को सक्रिय करते हैं और ये भाव ही और अधिक विचार पैदा करते हैं। फिर भाव और विचार एक–दूसरे को पोसते हैं।

उदाहरण के लिए, अगर यह माना जाए कि मैं अपने–आप में पर्याप्त नहीं, तो इससे शर्मिंदगी या शर्म जैसे नकारात्मक भाव पैदा होंगे। इसको पलट कर देखें तो जब आप बहुत अच्छे न होने के कारण शर्मिंदगी अनुभव करते हैं, तो आप उस विश्वास के अनुरूप और अधिक विचारों को आकर्षित करेंगे। आप उन चीजों पर ध्यान केंद्रित करेंगे जिनमें आप मानते हैं कि आप अच्छे नहीं हैं, या पिछली असफलताओं को याद करते रहेंगे। इससे आपके उसी विचार को और बल मिलेगा।

विचारों से भाव पैदा होते हैं और भाव ही आपके कामों को संचालित करते हैं। अगर आपको लगता है कि आप पदोन्नति पाने के अधिकारी नहीं, तो उसे नहीं माँगेंगे। अगर आपको लगता है कि कोई व्यक्ति आपकी पहुँच के बाहर है, तो आप उसके लिए आगे ही नहीं बढ़ेंगे।

संक्षेप में, विचार इसी तरह काम करते हैं। ये भाव पैदा करते हैं और आपके कामों को संचालित करते हुए यथार्थ को आकार देते हैं। हो सकता

है कि आपको अल्पकाल में यह दिखाई न दे, पर दीर्घकालीन तौर पर, आपको अहसास होगा कि आपके विचार आपके जीवन पर बहुत गहरा असर रखते हैं।

विचार और भाव ही आपका भविष्य तय करते हैं

इंसानों के पास ऐसी ताकत होती है, जो दूसरे जीवों के पास नहीं होतीः उनकी कल्पना। हम अपने विचारों का उपयोग चीजों को प्रकट करने और अदृश्य को दृश्य में बदलने के लिए कर सकते हैं।

हालाँकि एक सोच ही अपने–आप में चीजों और हालात को प्रकट करने के लिए पर्याप्त नहीं होती। इसके साथ भाव के रूप में ऊर्जा का ईंधन भी होना चाहिए जैसे उत्साह, आवेग और प्रसन्नता। इसी कारण से उत्साही और आवेग से भरा व्यक्ति उत्साहहीन और निराश व्यक्ति से कहीं बेहतर सपने साकार कर सकता है।

सफल लोग लगातार सकारात्मक उम्मीद के साथ इसी बात पर केंद्रित रहते हैं कि वे क्या चाहते हैं जबकि असफल लोग केवल उन्हीं बातों पर केंद्रित रहते हैं, जो वे नहीं चाहते या जो उनके पास नहीं है। वे लोग पैसे, प्रतिभा, समय और अन्य ज़रूरी संसाधनों की कमी से डरते हैं। नतीजन निराशावादी व्यक्ति जीवन में उतना हासिल नहीं कर पाते जितना वे अपनी सोच बदलने पर हासिल कर सकते थे।

इस प्रकार आपके लिए साधने योग्य महत्वपूर्ण कौशलों में से एक यह भी हो सकता है कि आपके पास अपने विचारों और भावों को बस में करने की योग्यता हो। आपको समझना होगा कि आपके भाव क्या हैं, ये कैसे काम करते हैं और ये कौन–सा उद्देश्य पूरा करते हैं। आइए, चर्चा करें कि हम निजी विकास के लिए भावों का प्रयोग कैसे कर सकते हैं।

मन में सकारात्मक विचारों को जमा करना

आत्मविश्वास से भरपूर लोग प्रतिदिन अपने मन में सकारात्मक सोच को शामिल करते हैं। वे अपनी हर छोटी जीत को मनाते हुए, अपने साथ करुणा और आदर से पेश आते हैं। वे चाहते हैं कि उनके साथ सब कुछ

अच्छा हो। वहीं दूसरी ओर, आत्मविश्वास की कमी रखने वाले लोग अपने मन में अशक्त करने वाले विचारों की बमबारी करते रहते हैं। वे अपनी उपलब्धियों को नक़ार कर, अपनी ताकतों को अनदेखा करते हैं और अपने कामों के पीछे छिपी सकारात्मक मंशा को भी उपेक्षित कर देते हैं। इसमें कोई संदेह नहीं कि वे खुद को अयोग्य मानते हैं।

दोनों ही यथार्थ को विकृत करने के लिए विचारों का प्रयोग करते हैं, पर आपके हिसाब से बेहतर कौन है? जो इंसान अपने मन में सकारात्मक सोच रखता है या जो नकारात्मक सोच रखता है?

क्या इसका यह मतलब है कि केवल सकारात्मक सोच रखने से ही आपकी सभी समस्याओं का हल होगा और आप एक ही बार में सभी नकारात्मक भावों को मिटा सकेंगे? बेशक नहीं। विचारों से छेड़छाड़, उन साधनों में से है जिसे आप भावों को साधने के लिए इस्तेमाल कर सकते हैं।

सकारात्मक सोच की सीमा

अगर आप सारा दिन अपने–आप से कहते रहें, 'मैं प्रसन्न हूँ।', 'मैं प्रसन्न हूँ।','मैं प्रसन्न हूँ।', तो इस तरह आप जीते–जागते बुद्ध नहीं बन जाएँगे। इससे आपको लाभ हो सकता है, पर फिर भी आपको नकारात्मक भावों का अनुभव होगा। जब तक आप यह नहीं जानते कि नकारात्मक भावों के सामने आते ही उनका निपटारा कैसे करना है, तब तक आप अपनी ही अशक्त कर देने वाली कहानी का शिकार होते रहेंगे। यह कहानी हो सकती है कि आप इतने असफल क्यों हैं या 'अपनी पसंदीदा शक्तिहीन करने वाली कहानी यहां डालें'।

रोचक बात यह है कि लोग अक्सर अपनी कहानी की लत के शिकार होते हैं–चाहे वह नकारात्मक ही क्यों न हो–और वे 'क्यों' से छुटकारा नहीं ले पाते क्योंकि वेः

- बुनियादी तौर पर गलत हैं
- वे प्रसन्न नहीं रह पाएँगे क्योंकि 'अपनी पसंदीदा कहानी डालें'
- वे प्यार के लायक नहीं हैं

- वे कभी उसे पूरा नहीं कर पाएँगे
- वे कभी विवाह नहीं कर सकेंगे, वगैरह

मैं आपको गारंटी दे सकता हूँ कि आप भी एक कहानी की लत पाले हुए हैं। अब हम चर्चा करेंगे कि आप किस तरह अपने मन को कंडीशन कर सकते हैं कि ज्यादा–से–ज्यादा सकारात्मक भावों को अनुभव कर सकें। इसके बाद हम देखेंगे कि आप नकारात्मक भावों के सामने आते ही उनका सामना कैसे कर सकते हैं।

आप जिन भावों को अनुभव करना चाहते हों, उनका चुनाव करना

अपने मन को कंडीशन करने के लिए पहला चरण यही होगा कि आप तय करें कि आप किन भावों का अधिक–से–अधिक अनुभव करना चाहेंगे। क्या आप और प्रसन्न होना चाहते हैं? और प्रेरित होना चाहते हैं? पूरी सक्रियता से काम करना चाहते हैं? दूसरा चरण होगा कि आप एक निश्चित प्रोग्राम तय करें, जिसमें आप चुने हुए भावों का अनुभव कर सकें। अंतिम चरण होगा कि आप प्रतिदिन उन भावों का अनुभव करें।

उसी भाव को बार–बार अनुभव करने से आपको उस तक पहुँच बनाने में आसानी होगी। न्यूरोविज्ञान ने दिखाया है कि एक ही विचार या भाव को बार–बार अनुभव करने से, उससे जुड़े न्यूरल पाथवेज (न्यूरो संबंधी रास्ते) मजबूत होते हैं, विचारों या भावों तक आगे पहुँच बनाना आसान होता है। सादा शब्दों में, आप किसी भाव का जितना अनुभव करेंगे, आपके लिए उसे पैदा करना उतना आसान होगा। यही वजह है कि इस जगह डेली कंडीशनिंग काम आती है।

अपने मन को सकारात्मक भावों की कंडीशनिंग करने के लिए, आप चाहें, तो इस जगह दिये गए उपाय का प्रयोग कर सकते हैं:

व्याख्या + पहचान + दोहराव = मजबूत भाव

इस परिस्थिति में इस फार्मूले का प्रयोग कैसे करें:

- व्याख्या: कुछ निश्चित घटनाओं का मानसिक चित्रण करना या फिर सकारात्मक लगने वाले कुछ निश्चित विचार पैदा करना।

- पहचानः आप जैसा अनुभव करना चाहते हों, वैसा अनुभव करते हुए इन घटनाओं या विचारों से अपनी पहचान जोड़ना। ऐसा करने के लिए आप उन सभी तकनीकों का प्रयोग कर सकते हैं, जो इस भाग में दी गई हैं: *'आपके भावों को क्या प्रभावित करता है', जैसे सकारात्मक अभिकथन और मानसिक चित्रण।'*
- दोहरावः एक से विचारों को दोहराना और उनसे अपनी पहचान जोड़ना। ऐसा करने से आप अपने मन को कुछ संबंधित भावों से जोड़ने की अनुमति दे देते हैं।

इस जगह कुछ अभ्यासों के उदाहरण दिये गए हैं, जिन्हें आप अपनी अनुभूति के आधार पर प्रयोग में ला सकते हैं:

1. आभारः और अधिक कृतज्ञ अनुभव करने के लिए, आपको आभार ज्ञापन को अपने दैनिक रूटीन में शामिल करना होगा। हर सुबह, उन्हीं बातों पर केंद्रित हों, जिनके लिए आप कृतज्ञ होना चाहें। आप जितना अधिक अभ्यास करेंगे, चीजों के सकारात्मक पक्ष पर उतना ही केंद्रित होंगे। दुख से कहना पड़ता है कि हममें से अधिकतर लोग जानते हैं कि हमें कृतज्ञ होना चाहिए, परंतु हम ऐसा नहीं करते। यही कारण है कि हमें अपने भीतर आभार की भावना विकसित करनी चाहिए। जैसाकि स्वर्गीय जिम रॉन ने कहा है, 'हमें अपने भावों को भी बुद्धि की तरह शिक्षित करना चाहिए।'

इस जगह ऐसे कुछ अभ्यास दिए जा रहे हैं, जिनकी मदद से आप आभार की भावना विकसित कर सकते हैं:

अ. वे सब चीजें लिखें जिनके लिए आप कृतज्ञ होना चाहेंगे: एक कागज और पेन लें या इससे भी बेहतर होगा कि आप एक अलग नोटबुक लें और कम–से–कम ऐसी तीन बातें लिखें जिनके लिए आप आभार अनुभव करते हों। इस तरह आपको चीजों के सकारात्मक पक्ष पर ध्यान देने में मदद मिलेगी।

ब. अपने जीवन में आने वाले लोगों को धन्यवाद करें: अपनी आँखें बंद करें और उन लोगों के बारे में सोचें, जिनसे आप मिले हों। जब आप एक

के बाद एक उनका मानसिक चित्रण करें, तो उन्होंने आपके लिए जो भी किया, उसमें से कम–से–कम एक बात का ज़िक्र करते हुए धन्यवाद करें। अगर आपके मन में किसी ऐसे व्यक्ति का चित्र आए, जिसे आप पसंद नहीं करते, तो उसे भी धन्यवाद दें और सोचें कि उसने आपके लिए कोई–न–कोई भलाई का काम तो किया ही होगा। शायद उसने आपको मजबूत होने में मदद की या फिर आपको कोई खास सबक दिया। अपनी सोच को नियंत्रित करने की कोशिश न करें, बस उन लोगों के चेहरे आँखों के आगे आने दें। उनके लिए मन में किसी भी नाराजगी या रोष को मुक्त कर दें।

स. किसी वस्तु पर ध्यान लगाते हुए उसके अस्तित्व को सराहें

- अपने कमरे में किसी एक वस्तु को चुनें और सोचें कि उसे तैयार करने में कितने लोगों की मेहनत शामिल रही होगी और उस पर कितना काम किया गया होगा और फिर वह आप तक पहुँची। उदाहरण के लिए, अगर आप इस अभ्यास के लिए एक कुर्सी को चुनते हैं, तो यह देखें कि उसे बनाने के लिए कौन–कौन–सा काम किया गया है। कुछ लोगों ने इसका नमूना तैयार किया, कुछ ने कच्चा माल खोजा और कुछ लोगों ने इसे जोड़कर तैयार किया। ट्रक चालक उसे स्टोर तक लाए होंगे। स्टोर के कर्मचारियों ने दुकान पर उन्हें डिस्प्ले में रखा और बेचा। आप या कोई और दुकान से खरीदकर लाया। आप जो कार चलाते हैं, वह भी किसी ने तो बनाई होगी और इसी तरह कुछ भी सोचा जा सकता है।
- यह सोचें कि आपको इस कुर्सी से कितना लाभ हो रहा हैः उस समय को याद करें, जब आप इतने थके हुए थे कि एक पल को भी खड़े नहीं हो पा रहे थे। क्या आपको बैठने के बाद सुकून नहीं मिला था? उस कुर्सी को धन्यवाद दें, जिसने न केवल आपको बिठाया बल्कि उसकी मदद लेकर आप कंप्यूटर पर काम कर सकते हैं। चाय–कॉफी पी सकते हैं, लिखने–पढ़ने का काम कर सकते हैं या फिर अपने दोस्तों के साथ गप्पें लगा सकते हैं।

द. आभारयुक्त संगीत/ गाइडिड मेडिटेशन सुनना।

आभारयुक्त संगीत सुनें (आप चाहें तो यू ट्यूब पर इन्हें देख सकते हैं)

2. उत्साह

कई बार आप जीवन में उत्साह खो देते हैं। आपको ऐसा लगता है मानो आप एक ही रूटीन में लगातार गोल–गोल चक्कर काट रहे हैं। जीवन में और अधिक उत्साह पैदा करने के लिए, आपको रोज थोड़ा समय उन बातों के मानसिक चित्रण पर लगाना चाहिए, जो आप पाना चाहते हों। आपको चीजों के लिए उत्साहित होना होगा। इस जगह ऐसा करने के लिए कई उपाय दिये गए हैंः (कृपया ध्यान दें, आपको नियमित रूप से इनका अभ्यास करना होगा)।

अ. लिखें कि आप क्या चाहते हैं

एक कागज और पेन लेकर लिखें, 'मैं क्या चाहता हूँ।' और फिर ऐसा कुछ भी लिखें, जो आपके हिसाब से आपको उत्साह दे सके।

ब. जो भी चाहते हों, उसका मानसिक चित्रण करेंः स्वयं से पूछें, 'मैं वास्तव में क्या चाहता हूँ?' फिर उन सभी चीजों का मानसिक चित्रण करें, जिन्हें आप पाना चाहते हों। अपनी ओर से सुनिश्चित होकर लिखने की कोशिश करें। स्पष्टता ही शक्ति है। अपने आदर्श करियर, संबंध या जीवनशैली या फिर उन लक्ष्यों के बारे में सोचें, जिन्हें आप आने वाले दशक या उससे भी पार हासिल करना चाहते हों।

स. अपने लक्ष्यों/सपनों की एक डायरी तैयार करेंः एक नोटबुक खरीदें और जीवन के हर क्षेत्र के लिए अपने लक्ष्य लिखें। रोज सुबह उनकी समीक्षा करें और उनमें चित्र आदि शामिल करते रहें ताकि उनके लिए आपकी उमंग और उत्साह बना रहे।

द. पूरी विविधता से अपने आदर्श दिन का मानसिक चित्रण करेंः

- आप नाश्ते में क्या लेंगे?
- आप अपना दिन कैसे बिताने वाले हैं?

- आप अपना दिन किसके साथ बिताने वाले हैं?
- आप शाम को क्या करने वाले हैं?
- आप किस जगह रहने वाले हैं?
- आप कैसा अनुभव करने वाले हैं?

आप चाहें तो अपने आदर्श दिन के कई संस्करण बना सकते हैं। बस हर संस्करण ऐसा होना चाहिए, जो आपको उत्साहित कर सके।

3. आत्मविश्वास/निश्चितता

यदि आप लक्ष्य पाने की अपनी योग्यता के लिए और अधिक आत्मविश्वास पाना चाहें, तो मानसिक चित्रण करें कि आपने उसे पहले ही पा लिया है और उसके बारे में बेहतर अनुभव करें। अपनी ओर से निश्चितता का भाव विकसित करें। अपने लक्ष्य को दिमाग में रखे। जब भी अपने लक्ष्य का मानसिक चित्रण करें, इसे अपनी वचनबद्धता की ऊर्जा प्रदान करें। यह जानें कि यह सब वास्तव में घटने वाला है।

4. आत्मसम्मान

अपने आत्मसम्मान के भाव को विकसित करने के लिए, आपको अपनी डायरी प्रतिदिन लिखनी होगी। उसमें अपनी दैनिक उपलब्धियों का ब्यौरा दर्ज करें। आप बहुत सारे काम सही करते हैं, पर आपको वही काम याद रहते हैं, जो आप सही नहीं करते। इसमें कोई संदेह नहीं कि आपके आत्मसम्मान के भाव को ठेस लगती है। एक नोटबुक लें, जो केवल इसी उद्देश्य के लिए हो। उसमें अपनी दैनिक उपलब्धियों को लिखें। उनके कुछ उदाहरण निम्नलिखित हैं:

- आज मैं समय पर उठा
- मैंने कुछ फल खाए
- मैंने अपनी मेज साफ की
- मैंने एक परियोजना पूरी की
- मैंने व्यायाम किया
- मैंने सुबह किए जाने वाले सारे काम पूरे किए, और/या
- आज मैंने कुछ पढ़ा।

जैसाकि आप देख सकते हैं, आपको बड़ी–बड़ी बातें लिखने की जरूरत नहीं है। असल में, जब आप छोटी उपलब्धियों को दर्ज करते हैं, तो आप अपने मन को और अधिक जीत हासिल करने के लिए कंडीशन कर रहे हैं, जिसकी वजह से समय के साथ–साथ आपका आत्मसम्मान का भाव भी विकसित होगा।

आत्मसम्मान के भाव से जुड़े कुछ और अभ्यासों के लिए इस भाग को देखें: *अपने–आप में पर्याप्त अनुभव न करना।'*

5. निर्णय करने की योग्यता

जब आप और अधिक निर्णय लेने की योग्यता का अभ्यास करेंगे, तो आपकी उत्पादकता में वृद्धि होगी जो कुल मिलाकर आपके पूरे जीवन पर असर डालेगी। जैसाकि हमने देखा कि विलंब करने की आदत आपके लिए कितने भावात्मक कष्ट का कारण बन सकती है।

अपने जीवन में और अधिक निश्चितता लाने के लिए आप चाहें तो *फाइव सेकेंड रूल* को अपना सकते हैं, मेल रॉबिन्स ने अपनी इस पुस्तक में इसी विषय से जुड़े उपाय प्रस्तुत किए हैं। मेल कहती हैं कि उत्पादकता, सफलता या कुछ भी मनचाहा पाने की बात करें, तो केवल एक ही नियम हो सकता है: आपको कुछ करना ही होगा, भले ही आप उसे पसंद करें या न करें। अगर आप ऐसे काम भी कर सकते हैं, जिन्हें आप करना नहीं चाहते या करना पसंद नहीं करते, तो आपको अपना मनचाहा पाने से कोई नहीं रोक सकता।

उनका *फाइव सेकेंड रूल* कहता है कि आपके मन में किसी भी विचार के आते ही उसपर काम करने के लिए केवल पाँच सेकेंड का समय होता है। अगर आप उस दौरान उसपर कोई कार्यवाही नहीं कर सके, तो आपका मन आपको उससे परे कर देगा। मन यह चाहता है कि हम थकाने या भयभीत करने वाले काम न करें। उदाहरण के लिए, आपको इन कामों को करने के लिए पाँच सेकेंड चाहिए:

- किसी इवेंट में, किसी व्यक्ति विशेष से मिलकर बात करने से पहले अपना परिचय देना

- कोई जरूरी ई–मेल भेजना
- किसी मीटिंग के दौरान प्रश्न करना

अभ्यास–निर्णय लेने की योग्यता में निखार

फाइव सेकेंड रूल का अभ्यास करने के लिए आप छोटी चीजों से शुरुआत कर सकते हैंः

- उन सभी कामों की सूची तैयार करें, जिन्हें आप लगातार टालते हैं। शायद आपको बर्तन साफ करने या घर की सफाई करने का निर्णय लेने में देर लगती हो। शायद आपके लिए किसी को कॉल या मेल करना उलझन भरा लगता हो। इन्हें लिखें।
- अब ऐसे दो काम चुनें, जिन पर आप *फाइव सेकेंड रूल* का नियम लागू करना चाहेंगे। कम–से–कम एक सप्ताह तक इस अभ्यास को जारी रखें। जब आपको बर्तन साफ करने या किसी को कॉल करने का ध्यान आए या फिर कोई भी ऐसा काम याद आए, तो पाँच से जीरो तक गिनें और जीरो तक आने से पहले ही काम शुरू कर दें।

मन को कंडीशन करते हुए आमतौर पर होने वाली भूलों से बचाव

जब आप और अधिक सकारात्मक भाव पाने के लिए मन को कंडीशन करें, तो उस दौरान होने वाली इन भूलों के लिए सावधान रहेंः

- एकसाथ बहुत सारे बदलाव लागू करने की कोशिशः एक महीने के लिए एक या दो बदलावों पर काम करें और उसके बाद कोई नया अभ्यास आरंभ करें।
- एकदम कोई बड़ा काम शुरू करनाः आपको छोटे और आसानी से पूरे होने वाले अभ्यासों के साथ शुरुआत करनी चाहिए, जो बहुत चुनौतीपूर्ण न हों। याद रहे, अपने भावों को बस में रखना एक दीर्घकालीन अभ्यास है। यह कोई छोटी दूरी की दौड़ नहीं बल्कि मैराथन है।

आप अपनी सुबह के लिए एक रोचक और उत्साह से भरपूर रूटीन

कैसे बना सकते हैं, इसकी जानकारी पाने के लिए कृपया मेरी क़िताब, *वेक अप कॉलः हाउ टू टेक कंट्रोल ऑफ योर मार्निंग एंड ट्रांसफार्म योर लाइफ* देखें।

***

एक्शन स्टेप

वर्कबुक के संबंधित भाग में से उन भावों को चुनें, जिनका आप और अधिक अनुभव पाना चाहें (*भाग–तीन, अपने भावों को कैसे बदलें–चार, आपके मन की कंडीशनिंग*)

अध्याय–पंद्रह

आपके व्यवहार में बदलाव के साथ भावों का बदलाव

'ऐसा लगता है कि भावना होने के बाद ही कोई कदम उठाया जाता है, परंतु काम और भावना एक साथ चलते है। अगर हम अपने काम को नियंत्रित करते हैं, जो हमारी इच्छा के अधिक प्रत्यक्ष नियंत्रण में होता है, तो हम अपनी भावनाओं को भी अप्रत्यक्ष रूप से नियंत्रित कर सकते हैं।

–विलियम्स जेम्स, दार्शनिक और मनोविज्ञानी

हमने देखा कि आप अपने शरीर, मन और शब्दों के माध्यम से अपने भावों को प्रभावित कर सकते हैं। हमने यह चर्चा भी की कि आप अपने विचारों और घटनाओं की व्याख्या में बदलाव लाकर किस तरह अपनी भावात्मक अवस्था बदल सकते हैं। खेद से कहना पड़ता है, जब नकारात्मक भाव अचानक सामने आते हैं या बहुत मजबूत होते हैं, तो अपनी शारीरिक भंगिमा बदलने या सकारात्मक अभिकथन बोलने से भी पूरी तरह से बात नहीं बनती। असल में, उस दौरान व्यक्ति अपने नकारात्मक भाव को किसी सकारात्मक भाव से बदलने में भी असफल रहता है। आप केवल 'अच्छा अनुभव' करने की सोच के साथ हमेशा अपने दुख या डिप्रेशन से नहीं उबर सकते। न ही आप यह उम्मीद कर सकते हैं कि केवल

'मैं प्रसन्न हूँ!', 'मैं प्रसन्न हूँ!', 'मैं प्रसन्न हूँ!', का मंत्र दोहराने से अपनी गहरी उदासी से अचानक बाहर आ सकते हैं।

हालाँकि आप चाहें तो अपने व्यवहार में परिवर्तन लाकर अपने अहसास बदल सकते हैं। जब आप अपने व्यवहार में सुधार करेंगे, तो आपकी भावनाओं में भी उसके अनुसार ही बदलाव होगा। ऐसा कई बार तत्काल हो सकता है, जब आप स्वयं को हल्के गुस्से की रौ से निकालने के लिए कोई काम करने लगते हैं और कई बार गहरे भावों से उबरने में कुछ सप्ताह या महीने लग सकते हैं, जैसे गहरा दुख या डिप्रेशन।

आप जो अनुभव करते हों, उसमें बदलाव के लिए, जब भी कोई नकारात्मक भाव सामने आए तो स्वयं से निम्नलिखित प्रश्न करें:

- उस भाव का क्या कारण था? और
- मैं अपने वर्तमान यथार्थ के लिए क्या कर सकता हूँ?

इन प्रश्नों के पूछने के बाद, यह पहचानें कि आप अपनी भावात्मक अवस्था में बदलाव के लिए कौन–से ठोस कदम उठा सकते थे।

याद रहे, भावों की प्रकृति ही ऐसी है कि ये समय बीतने के साथ धुंधला जाते हैं। परन्तु अगर आप बार–बार उन्हीं परिस्थितियों को अपने मन में दोहराते रहें, तब ऐसा संभव नहीं हो पाता। इस जगह आपको कुछ वास्तविक उदाहरण दिए जा रहे हैं ताकि आपको यह समझने में मदद मिल सके कि ये कैसे काम करता है:

पहला उदाहरण:

यदि आपका अपने साथी के साथ ब्रेकअप हो जाए, तो आप उसके साथ बीते खुशनुमा पलों को भी उदासी से याद करते रहेंगे और आपको अपनी मनोदशा से उबरने में काफी वक्त लग जाएगा। हालाँकि उदास अनुभव करने या अतीत को याद करने में कोई बुराई नहीं है, पर अगर आप जीवन में आगे बढ़ना चाहें या अतीत में बीते पलों से मुक्त होना चाहें, तो बेहतर विकल्प यही होगा कि उन्हें बार–बार याद करना बंद करें। इस मामले में, आपके व्यवहार बदलने से लाभ होगा: अपनी ओर से पूरा प्रयास करें कि आपको उन पुरानी यादों की ओर न लौटना पड़े।

दूसरा उदाहरण:

यदि आप निरंतर भावी परियोजना के लिए दिए जाने वाले भाषण की चिंता कर रहे हैं, तो शायद अपने व्यवहार में बदलाव लाकर, आप अपने भाषण का घंटों पहले पूर्वाभ्यास कर सकते हैं। इस दौरान आपको अपना बोला जाने वाला विषय इतनी अच्छी तरह याद हो जाएगा कि आप दबाव के बीच भी अच्छा प्रदर्शन कर सकेंगे। अगर आप अपनी सफलता के लिए और बेहतर अवसर पैदा करना चाहें, तो अपने दोस्तों या सहकर्मियों के सामने भी यह अभ्यास किया जा सकता है।

तीसरा उदाहरण:

अगर आप किसी खास दोस्त से कई सप्ताह से नाराज हैं कि उसने कुछ कहा नहीं या किया नहीं तो शायद अपना व्यवहार बदलकर, उसके साथ पूरी ईमानदारी से बात कर सकते हैं, उससे अपने मन की बात कह सकते हैं। इससे आप स्थिति को स्पष्ट कर सकेंगे, किसी भी गलतफहमी को दूर कर सकेंगे, तथा नाराजगी को बढ़ने से रोक सकेंगे। कई बार, हम घटनाओं की गलत व्याख्या कर देते हैं या फिर चीजों को उस रूप में देखने लगते हैं, जैसे नहीं देखना चाहिए।

चौथा उदाहरण:

कइ बार आप उदास होते हैं, गुस्सा आता है या डिप्रेशन अनुभव होता है, तब आप इस सब के बारे में कुछ नहीं कर सकते। ऐसी दशा में अपनी भावनाओं पर केंद्रित करना ही बेहतर होगा और जो जैसा है, उसे वैसा ही रहने दें। आपका काम यही है कि आपको जो करना है, उसे करें और अपना जीवन इसी तरह तब तक जीते रहें, जब तक वे भाव आपके जीवन से विदा नहीं ले लेते। ज्यों ही नकारात्मक भाव पैदा हों, उन्हें छोड़ने का अभ्यास करना न भूलें। जब आप स्वयं को नकारात्मक भावों से अलग रखना सीख लेंगे, तो इससे वे बढ़ेंगे नहीं और आप उनमें उलझने से बच सकेंगे।

***

एक्शन स्टेप

वर्कबुक की मदद से, अपने जीवन से उदाहरण लेते हुए एक अभ्यास करें (*भाग–तीन, अपने भावों को कैसे बदलें–पाँच, व्यवहार में बदलाव के साथ भावों को बदलना।*)

- याद करें, आपने आखिरी बार कौन–से नकारात्मक भाव को अनुभव किया था, जिसका प्रभाव दो दिन से अधिक रहा था।
- अब आपको यह सोचना है कि आपने उस एक खास भाव से उबरने के लिए क्या किया होगा? (अगर कुछ ऐसा था, तो)
- फिर स्वयं से पूछें, 'मैं अपने भावों पर सकारात्मक प्रभाव डालने के लिए अपने व्यवहार में बदलाव कैसे ला सकता था?'

अध्याय–सोलह

आपके वातावरण में बदलाव के साथ भावों का बदलाव

आप हमेशा अपने भावों को वश में नहीं कर सकते। कुछ घटनाएँ जैसे ब्रेकअप, किसी प्रियजन से वियोग, गंभीर रोग वगैरह आपके अंदर नकारात्मक भावों को ट्रिगर कर सकते हैं।

हालाँकि, कुछ घटनाओं पर आपका नियंत्रण होता है। क्या आपके दैनिक जीवन में ऐसी घटनाएँ होती हैं, जो आपकी मानसिक शांति पर असर डालती हैं? काश! आप उनके बारे में कुछ कर पाते।

कई बार नकारात्मक भावों को घटाने के लिए, बस आपको स्वयं को उन परिस्थितियों में डालने से बचना होता है, जिनकी वजह से वे नकारात्मक भाव पैदा हो रहे हैं। शायद आपका ज्यादा टीवी देखना परेशानी का कारण हो। या शायद फेसबुक पर दोस्तों को प्रसन्न देखकर आपके मन में असफलता का भय आता हो। आप ऐसे हालात में थोड़ा कम समय क्यों नहीं बिताते?

असली जीवन के उदाहरण

फेसबुक मुझे उदास कर रहा था और मैं खुद को असफल मानने लगा था। मेरे साथ के लोग कितना अच्छा काम कर रहे थे, दोस्त प्रसन्न थे

या फिर मुझे ऐसा लगता था। कहना न होगा कि मैं बिना सोचे–समझे अपनी न्यूजफीड को स्क्रॉल करने में समय लगा रहा था। अपने इमोशनल बैंक में आने वाली इस कमी से उबरने के लिए, मैंने फेसबुक पर बीतने वाले समय को बहुत कम कर दिया। उस निर्णय के बाद से ही मैं बेहतर अनुभव करने लगा।

यह उदाहरण आपको दिखाता है कि छोटे बदलाव भी आपके कितने काम आ सकते हैं। यदि आप अपने दैनिक कार्यों पर गौर करें, तो आपको ऐसी गतिविधियां या व्यवहार मिलेंगे जो आपकी खुशी में सहायक नहीं हैं। बस एक या दो गतिविधि को कम करने से या अपने कुछ व्यवहारों में बदलाव लाने से, शायद आपके मूड में बदलाव हो सकता है।

आपको पहले ही पता होगा कि आपको क्या करना चाहिए पर यह भी संभव है कि आपको यह पता न हो कि आपका गलत बर्ताव आपकी भलाई पर क्या असर डाल सकता है।

इस जगह मैंने कुछ गतिविधियों और व्यवहारों की सूची दी है, जो आपकी प्रसन्नता छीनते होंगे। स्वयं से पूछें कि क्या उनसे आपको कोई लाभ होता हैः

- टीवी देखनाः हालाँकि इसे देखना मजेदार हो सकता है, पर यह एक ऐसी निष्क्रिय गतिविधि है जिसका आपकी खुशी से बहुत लेना–देना नहीं है।
- सोशल मीडिया पर समय बितानाः सोशल मीडिया सुविधाजनक है और आप अपने दोस्तों के संपर्क में रह सकते हैं, पर यह एक लत भी बन सकता है। फेसबुक और ट्विटर आपको एक लतखोर बना सकते हैं, जो सदा दूसरों की मंजूरी चाहता है।
- नकारात्मक लोगों के साथ घूमनाः आप जिन लोगों के साथ रहते हैं, उनका आपकी भावात्मक अवस्था पर गहरा असर होता है। सकारात्मक लोग आपको ऊपर उठाते हुए आपके सपनों को पूरा करने में मदद करते हैं। नकारात्मक लोग आपकी ऊर्जा सोखते हैं, आपको नीचा दिखाते हुए, आपकी संभावना नष्ट कर देते हैं।

जैसाकि जिम रॉन ने कहा है, 'आप उन पाँच लोगों का औसत हैं, जिनके साथ आपका समय बीतता है।' ध्यान रहे कि आपके आसपास उचित लोगों की भीड़ हो।

- शिकायत करना और नकारात्मकता पर केंद्रित रहनाः क्या आप लगातार चीजों का नकारात्मक पक्ष देखते हैं? क्या आप अतीत में ही बसे रहते हैं? अगर ऐसा है, तो इसका आपकी प्रसन्नता के स्तर पर क्या प्रभाव होता है?
- अपना काम अधूरा छोड़नाः निजी और पेशेवर जीवन में काम और परियोजनाओं को अधूरा छोड़ना आपके मूड पर बुरा असर डाल सकता है। अधूरा काम आपके दिमाग को परेशान करता रहता है। अगर आप बहुत बोझिल या निरुत्साहित अनुभव कर रहे हैं, तो इसका मतलब है कि आपने जीवन में बहुत सारे सिरे खुले छोड़ रखे हैं। ये ऐसी अधूरी परियोजनाएँ हैं, जिन्हें आप बहुत समय से टाल रहे हैं या उन लोगों से बात करने से कतरा रहे हैं, जिनसे आपको बात करनी चाहिए।

ये तो कुछ उदाहरण भर हैं। आप अपने बारे में क्या कहेंगे? ऐसी कौन–सी गतिविधि और व्यवहार हैं, जो आपसे आपकी प्रसन्नता छीन लेते हैं?

***

एक्शन स्टेप

वर्कबुक के संबंधित हिस्से में दिये गए अभ्यास पूरे करते हुए अपने लिए अधिक सशक्त परिवेश तैयार करें (*भाग–तीन, अपने भाव कैसे बदलें–आपके वातावरण को बदलना*)।

निःशुल्क वर्कबुक लें या पेन और पेपर का इस्तेमाल करें। उन सभी गतिविधियों को लिखें, जो आपके हिसाब से आपके भावों पर नकारात्मक असर डालती हैं। फिर इसके बाद, उन गतिविधियों के साथ उसका निष्कर्ष लिखें, जैसे वे आपको अपराध बोध का अनुभव कराती हैं, निरुत्साहित करती हैं या आपके आत्मसम्मान को ठेस पहुँचाती हैं।

<u>अध्याय–सत्रह</u>

नकारात्मक भावों से निपटने के लिए अल्पकालीन और दीर्घकालीन हल

'इस ग्रह पर कोई भी ऐसा जीव नहीं जिसका नकारात्मकता से लेना–देना हो, केवल मनुष्य ही ऐसा करते हैं। कोई भी ऐसा जीव नहीं, जो धरती को प्रदूषित करते हुए उसे बिगाड़ने पर तुला हो। क्या आपने कभी नाराज फूल या तनावग्रस्त पेड़ देखा है? क्या कभी कोई ऐसी डाल्फिन दिखी, जो डिप्रेशन में हो या फिर कोई ऐसा मेंढक जिसे आत्मविश्वास की कमी की समस्या हो? कोई ऐसी बिल्ली, जो बहुत व्याकुल रहती हो? कोई ऐसा पक्षी, जो बैर और नफरत की आग में झुलस रहा हो? जो जानवर इंसानों के बहुत निकट रहते हों, उनमें कभी–कभी एक तरह की नकारात्मकता या फिर विक्षिप्त व्यवहार के लक्षण दिख सकते हैं, जिसका संबंध इंसानी दिमाग और उसकी विक्षिप्तता से ही जोड़ सकते हैं।'

–एक्हार्ट टोल, द पावर ऑफ नाउ

इस भाग में आपको ऐसे अभ्यासों की सूची दूँगा या ऐसी तकनीकें देने वाला हूँ जिन्हें आप नकारात्मक भावों से जूझने के लिए इस्तेमाल कर सकते हैं। आपका अपने मन पर भला कितना भी नियंत्रण क्यों न हो,

आपको फिर भी आने वाले समय में हल्की कुंठा से लेकर डिप्रेशन जैसे नकारात्मक भावों का सामना करना ही होगा। बेहतर होगा कि आप पहले ही इसके लिए तैयारी कर लें।

मैंने यहाँ आपको कुछ बातें बताई हैं, जो नकारात्मक भावों से निपटने में सहायक हो सकती हैं और इनमें अल्पकालीन और दीर्घकालीन, दोनों तरह के हल शामिल हैं।

1. अल्पकालीन हल

निम्नलिखित तकनीकें नकारात्मक भावों के सामने आते ही उनका प्रबंधन करने में सहायक होंगी। इन्हें आज़माएँ और जो काम आए उसे अपना लें।

अ. अपनी भावात्मक अवस्था बदलें

- अपना ध्यान भटकाएँ: एक भाव केवल उतना ही ताकतवर हो सकता है, जितना ताकतवर होने की अनुमति उसे आपसे मिलती हो। जब भी आप किसी नकारात्मक भाव का अनुभव करें, उस पर केंद्रित होने के बजाय, उसी समय कहीं और व्यस्त हो जाएँ। अगर आपको किसी बात पर गुस्सा आ रहा हो, तो उसे अपने किए जाने वाले काम की सूची से हटा दें। अगर हो सके, तो कोई ऐसा काम करें जिसमें आप अपना पूरा ध्यान लगा सकें।
- बाधा देना: कोई मूर्खतापूर्ण काम करें या कुछ अलग करें, जिससे उस ढाँचे को तोड़ा जा सके। चिल्लाएँ, मूर्खों की तरह नाचें या अलग से स्वर में बोलें।
- गतिशील हों: उठें, टहलें, पुश–अप करें, नाचें या पावर पोस्चर का इस्तेमाल करें। शारीरिक भाव–भंगिमा में बदलाव के साथ ही आप अपनी भावना भी बदल सकते हैं।
- संगीत सुनें: अपना मनपसंद संगीत सुनने से भी आपकी भावात्मक अवस्था में बदलाव आ सकता है।

- चिल्लाएँ: अपने साथ ऊँचे और आधिकारिक स्वर में बात करें और खुद को पुचकारें। अपने शब्दों और आवाज के माध्यम से अपने भावों को बदलें।

ब. कार्यवाही करें

- बस काम को पूरा करें: अपनी भावनाओं को एक ओर रखते हुए हाथ में लिया हुआ काम पूरा करें। परिपक्व वयस्क अपने हाथ में लिये गए काम को पूरा करते हैं, चाहे वे ऐसा करना चाहें या न करना चाहें।
- इसके बारे में कुछ करें: आपका व्यवहार अनजाने में ही आपकी भावनाओं को बदलता है। स्वयं से पूछें, 'मैं जैसा अनुभव कर रहा हूँ, उसमें बदलाव लाने के लिए क्या कर सकता हूँ?' फिर वह काम पूरा करें।

स. अपने भावों के लिए सजग हों

- इसे कहीं लिखें: एक कागज और पेन लें और लिखें कि आपको कितनी बातों की चिंता सताती है। ऐसा क्यों होता है और आप इस बारे में क्या कर सकते हैं? जितना सुनिश्चित तौर पर बता सकें, उतना उचित होगा।
- जो भी हुआ, उसे लिखें: कागज और पेन लें और लिखें कि असल में क्या हुआ था, जिसके कारण वे नकारात्मक भाव पैदा हुए। उनके बारे में अपनी व्याख्या न लिखें और न ही उसके आसपास बुनी हुई कहानी का विवरण दें। केवल तथ्य लिखें। अब स्वयं से पूछें कि आपके बृहत्तर जीवन में, क्या सचमुच वह बात बहुत बड़ी थी?
- बात करें: अपने किसी दोस्त से बात करें। हो सकता है कि आप आवश्यकता से अधिक प्रतिक्रिया दे रहे हों, हालात को उनसे भी बदतर बना रहे हों, जितने वे हैं। कई बार आपको बस एक अलग दृष्टिकोण की जरूरत होती है।
- कोई ऐसा समय याद करें, जब आपने अपने बारे में अच्छा

अनुभव किया हो: यह आपको उसी अवस्था में वापिस लाने में सहायक होगा और आप एक नया दृष्टिकोण पा सकेंगे। स्वयं से निम्नलिखित प्रश्न करें, 'यह कैसा अनुभव हुआ था?', 'मैं उस समय क्या सोच रहा था?', 'उस समय जीवन के प्रति मेरा दृष्टिकोण क्या था?'

- अपने भावों को मुक्त करें: स्वयं से पूछें, 'क्या मैं इस भाव को मुक्त कर सकता हूँ?' फिर स्वयं को उससे मुक्त करने की अनुमति दें।
- अपने भावों को बने रहने की अनुमति दें: अपने भावों को बदलने या रोकने का जतन न करें। वे जैसे हैं, उन्हें वैसे ही बने रहने दें।
- अपने भावों को स्वीकार करें: अपने भावों के साथ रहें। उन्हें जितना संभव हो सके, निकट से देखें। इस दौरान उनके प्रति तटस्थ भाव बना रहे। उनके प्रति कौतूहल रखते हुए यह देखें कि उनके मूल में क्या छिपा है?

द. बस रिलैक्स हो जाएँ:

- विश्राम: एक झपकी लें या छोटा ब्रेक ले लें। जब भी आप थके होते हैं, तो रिलैक्स अवस्था की तुलना में उस समय नकारात्मक भावों से घिरने की संभावना अधिक होती है।
- श्वास लें: रिलैक्स होने के लिए धीमी गति से श्वास लें। आप जिस तरह साँस लेते हैं, वह आपकी भावात्मक अवस्था पर असर डालता है। स्वयं को शांत करने के लिए श्वसन तकनीकों की मदद लें, वे आपको और अधिक ऊर्जा देती हैं।
- रिलैक्स हों: अपनी मांसपेशियों को विश्रांत या रिलैक्स करने के लिए कुछ मिनट का समय लें। अपने जबड़े, आँखों के आसपास के तनाव और चेहरे की मांसपेशियों को रिलैक्स करते हुए शुरुआत करें। आपका शरीर आपके भावों को प्रभावित करता है। जब आप शरीर को रिलैक्स करते हैं, तो आपका मन भी रिलैक्स हो जाता है।

- अपनी समस्याओं को भी मान दें। इस बात को समझें कि वे किसी कारण से आपके जीवन में हैं और किसी–न–किसी तरह आपका भला करेंगी।

2. दीर्घकालीन हल

निम्नलिखित तकनीकें आपको दीर्घकालीन नकारात्मक भावों के प्रबंधन में सहायक होंगी

अ. अपने नकारात्मक भावों का विश्लेषण करें

- अपने भावों के पीछे छिपी कहानी को पहचानें: एक कागज और पेन लेकर वे सब कारण लिखें कि आपको इन भावों का सामना क्यों करना पड़ रहा है। आपके मन में क्या धारणाएँ हैं? जो आपके साथ हो रहा है उसकी व्याख्या आप कैसे करेंगे? अब देखें कि आप इस कहानी से कैसे मुक्त हो सकते हैं?
- अपने भाव किसी डायरी में लिखें: प्रतिदिन कुछ मिनट निकालकर अपनी डायरी में लिखें कि आपने कैसा अनुभव किया। उन ढाँचों को देखें, जो बार–बार सामने आ रहे हों। इसके बाद इन भावों से पार पाने के लिए अभिकथनों, मानसिक चित्रण या फिर संबंधित अभ्यासों की मदद लें।
- माइंडफुलनेस का अभ्यास: पूरा दिन अपने भावों का विश्लेषण करें। ध्यान आपको ऐसा करने में सहायक होगा। एक और तरीका यह हो सकता है कि आप पूरी तरह से वर्तमान में बने रहें और फिर किसी भी गतिविधि में मगन हों। जब आप ऐसा करें, तो यह देखें कि आपके मन में क्या चल रहा है।

ब. नकारात्मकता से दूर रहें

- वातावरण बदलें: अगर आप नकारात्मकता से घिरे हैं, तो अपना वातावरण बदलें। किसी अलग जगह पर जाएँ या नकारात्मक दोस्तों के साथ बीतने वाला समय कम कर दें।
- अनुत्पादक गतिविधियों से दूर रहें: स्वयं को उन अनुत्पादक

गतिविधियों से दूर कर दें, जो आपके जीवन पर कोई सकारात्मक प्रभाव नहीं डाल रहीं। इसमें आपका टीवी देखने में लगने वाला समय या इंटरनेट सर्फिंग शामिल हो सकते हैं।

स. मन की कंडीशनिंग करें

- प्रतिदिन किए जाने वाले कुछ कार्य सुनिश्चित करें: इनसे आपको सकारात्मक भावों को अनुभव करने में मदद मिलेगी। ध्यान करें, व्यायाम करें, अभिकथन दोहराएँ, अपने लिए आभार डायरी तैयार करें, आदि। रात को सोने से पहले या सुबह उठते ही, अपने मन को सकारात्मक विचारों से भरने का सही समय होता है।
- व्यायाम–नियमित तौर पर व्यायाम करें। व्यायाम करने से मूड में सुधार होगा और यह आपके शारीरिक और भावात्मक स्वास्थ्य के लिए अच्छा है।

द. अपनी ऊर्जा बढ़ाएँ

आपके पास जितनी कम ऊर्जा होगी, आपको नकारात्मक भावों का अनुभव उतना ही अधिक होगा।

- अपनी नींद में सुधार करें: यह ध्यान रहे कि आपको भरपूर नींद मिले। अगर संभव हो सके, तो प्रतिदिन एक ही समय पर सोएँ और जागें।
- सेहतमंद भोजन करें: कहते हैं कि आप वही हैं, जो आप खाते हैं। जंक फूड आपकी ऊर्जा स्तरों को नकारात्मक तौर पर प्रभावित करेगा, इसलिए अपने आहार में सुधार के लिए कदम उठाने होंगे।
- विश्राम–नियमित रूप से झपकी लें या कुछ मिनट तक रिलैक्स करें।
- साँस लें–सही तरह से साँस लेना सीखें।

क. मदद माँगें:

- किसी पेशेवर की राय लें: अगर आप गहरी भावात्मक परेशानियों,

जैसे आत्मसम्मान में भारी कमी या डिप्रेशन आदि से जूझ रहे हैं, तो ऐसे में किसी पेशेवर की राय लेना उचित होगा।

***

एक्शन स्टेप

एक अल्पकालीन और एक दीर्घकालीन तकनीक लिखें, जिसका इस्तेमाल आप करना चाहते हैं। स्वयं से पूछें, 'सूची में लिखी चीजों में से, ऐसी कौन–सी तकनीक है, जो मुझे नकारात्मक भावों का प्रबंधन करने में सहायक हो सकती है?' (*भाग–तीन, अपने भावों को कैसे बदलें–अल्पकालीन हल / दीर्घकालीन हल*)

भाग–चार

विकसित होने के लिए अपने भावों का प्रयोग कैसे करें

'मैं आपको बताना चाहता हूँ कि हर क्षण आत्मविकास और आपके चरित्र के विकास का अवसर प्रदान करता है। यथार्थ हमारे सामने परिस्थितियों को लाता रहता है–कई बार मैं उन्हें समंदर के किनारे उतरती लहरों की तरह देखता हूँ और हमारे पास यह अवसर होता है कि हम उस यथार्थ के साथ घुल–मिलकर, उन लहरों में छलाँग लगा दें।'

–डेविड के. रेनॉल्ड्स, कंस्ट्रक्टिव लिविंग

हमने देखा है कि भाव क्या हैं और कैसे बनते हैं और आप अपने मन को और अधिक सकारात्मक भावों के अनुभव के लिए प्रोग्राम कैसे कर सकते हैं। अब यह देखते हैं कि अपने भावों को निजी विकास के साधन की तरह कैसे प्रयुक्त कर सकते हैं।

अधिकतर लोग इस बात को पूरी तरह से समझ नहीं पाते कि भाव कितने उपयोगी हो सकते हैं। उन्हें असल में कभी अहसास नहीं होता कि वे विकसित होने के लिए अपने भावों का प्रयोग कर सकते हैं।

इसे इस रूप में लें। आपके भाव आपको एक संदेश भेजते हैं। वे आपको

कहते हैं कि आपकी यथार्थ की मौजूदा व्याख्या पक्षपातपूर्ण है। समस्या कभी असल में नहीं होती, यह उसकी व्याख्या में छिपी होती है। यह कभी न भूलें, आपके पास ही बदतर–से–बदतर हालात में अर्थ और आनंद खोजने की शक्ति है।

उदाहरण के लिए, एलिस समर के पास दुनिया में निराश और असहाय अनुभव करने की हर वजह थी। उसे दूसरे विश्वयुद्ध के दौरान यातना शिविर में रखा गया और उसे पता नहीं था कि उसके पास जीवित रहने के लिए कितना समय शेष था। फिर भी उसने आनंद को खोज लिया। वह याद करती हैं:

> 'मैं हमेशा हँसती रहती थी। हमारा बेटा हमारे साथ जमीन पर लेटा था और उसने हमें हँसते देखा। जब एक माँ हँस रही होगी, तो भला बच्चा कैसे नहीं हँसेगा?'

—एलिस समर

निक वुइचिच को लगता था कि वह कभी प्रसन्न नहीं हो पाएगा। वह जन्म से हाथों और पैरों के बिना जन्मा था। उसने स्कूल में दिए एक भाषण के दौरान कहा:

> 'अगर मैं अपनी पत्नी का हाथ तक नहीं थाम सकता, तो मैं कैसा पति हूँ।'

—निक वुइचिच

ऐसे हालात में अगर वह सारा जीवन कड़वाहट के बीच जीता, तो भी उसे कोई दोष नहीं दे सकता था। हालाँकि आज वह अपनी चुनौतियों से उबर चुका है और एक सफल प्रेरक वक्ता होने के अलावा एक खुशहाल पति और दो बच्चों का पिता भी है।

ये दो उदाहरण हमें दिखाते हैं कि हम चुनौतीपूर्ण हालात से भी निपट सकते हैं। वे हमें दिखाते हैं कि नकारात्मक भाव हमेशा नहीं रहते। हमारे जीवन के चुनौतीपूर्ण समय अक्सर वही होते हैं, जो हमें मनुष्यों की तरह

विकसित होना सिखाते हैं। यहाँ तक कि एक संपूर्ण ब्रेकडाउन भी किसी के लिए जीवन की नई दिशा हो सकता है।

इस भाग में आप सीखेंगे कि भाव कैसे काम करते हैं और आप उन्हें प्रयोग में लाते हुए विकसित कैसे हो सकते हैं, इसके साथ ही आप उनसे पैदा होने वाले भावात्मक कष्टों को भी दूर करना सीखेंगे।

अध्याय–अठारह

भाव आपको उचित दिशा में कैसे ले जा सकते हैं

भाव आते–जाते रहते हैं और कुल मिलाकर वे आपको परिभाषित नहीं कर सकते। पर इसका मतलब यह नहीं कि उनकी कोई भूमिका नहीं है। वे आपके निजी विकास को प्रोत्साहित करने में मदद कर सकते हैं, क्योंकि वे आपको वह याद दिलाते हैं, जो आप पहले से जानते हैंः आपको अपने जीवन में बदलाव लाने होंगे। आप अपने भावों को जितना उपेक्षित करेंगे, उनकी आवाज उतनी ही तेज होती जाएगी। यह एक छोटी–सी आवाज या अंतःकरण से उठने वाले स्वर से शुरू होगा। जब आप इस लक्षण को अनदेखा और अनुसना करेंगे, तो यह तेज होता जाएगा। अगर आप लगातार अपने भावों की अनदेखी करते रहे, तो आपका शरीर भी वही बोली बोलेगा और आपको शारीरिक पीड़ा का सामना करना होगा।

उदाहरण के लिए, मान लेते हैं कि आपको एक ऐसे भाव का अनुभव हो रहा है, जिसे तनाव कहते हैं। यह बताता है कि आपको जीवन में बदलाव करने होंगे। इसमें किसी तनावपूर्ण हालात से बाहर आना, हालात को सुधारना या उसकी व्याख्या में बदलाव लाना शामिल हो सकता है। एक बात तो तय है, आपको इसके बारे में कुछ करना ही होगा। अगर आप

लगातार तनाव या तनाव देने वाले कारक को अनदेखा करते रहे, तो यह सेहत से जुड़ी कई गंभीर परेशानियां पैदा कर सकता है।

बात का सार यही है कि आपके भाव आपको एक संदेश देते हैं। ठीक उसी तरह जैसे आपका शरीर आपको संदेश देता है कि आपके शरीर के साथ कुछ गलत हो रहा है। भावात्मक कष्ट आपको याद दिलाता है कि आपके मन में कहीं कुछ गलत हो रहा है।

आत्म–सजगता की शक्ति

आत्म–सजगता आपके निजी विकास के महत्वपूर्ण अंगों में से है। इसके बिना, आप अपने जीवन में बहुत बदलाव नहीं ला सकते; जब तक आपको किसी समस्या के होने का ही पता नहीं होगा, तब तक आपके लिए उसमें बदलाव लाना मुश्किल होगा।

तो आत्म–सजगता क्या है? आत्म–सजगता आपकी योग्यता है, जिससे आप अपने भाव, विचारों और व्यवहारों को देखते हैं, पर उसमें अपनी व्याख्या या किस्से को शामिल नहीं करते।

लाइन के ऊपर या नीचे?

जिम डेथमर और डायना चैपमैन द *फिफ्टीन कमिटमेंट्स ऑफ कॉन्शस लीडरशिप* में एक सरल और शक्तिशाली उपाय देते हैं, जिससे आप आत्म–सजगता को बढ़ा सकते हैं। यह मॉडल बहुत ही सरल हैः एक सिंगल लाइन। लेखकों का कहना है कि किसी भी समय में आप लाइन के ऊपर या नीचे होते हैं। जब आप लाइन के ऊपर हों, तो आप मुक्त मन से पूरी उत्सुकता के साथ कुछ सीखना चाहते हैं, जब आप लाइन के नीचे होते हैं, तो आप चाहते हैं कि आपको सही माना जाए और नतीजन आप अपना बचाव करते हैं, नए विचारों से दूर होना चाहते हैं। अगर सरल शब्दों में कहें, जब आप लाइन के ऊपर होते हैं, तो आप सचेत हैं और जब आप लाइन के नीचे हैं, तो आप अचेत भाव में हैं।

आप लाइन के ऊपर होंगे या नीचे, यह आपकी भावात्मक अवस्था पर निर्भर करता है। जब आपकी भौतिक उत्तरजीविता या अहं के लिए

संकट पैदा होता है, तो आप लाइन के नीचे जाकर खुद को बचाने की कोशिश करते हैं या अपने अहं को बचाना चाहते हैं। इसके विपरीत, जब आप लाइन के ऊपर होते हैं, तो आपकी मनोदशा सकारात्मक होती है। आपकी रचनात्मकता, नवीनता और सहयोग अपने सर्वोत्तम स्तर पर होते हैं, जिसके परिणामस्वरूप प्रदर्शन में वृद्धि होती है।

आप लाइन के नीचे कब होते हैं, आपकी यह देखने की योग्यता ही तय करेगी कि आप अपनी भावात्मक अवस्था का कितना उचित प्रबंधन कर सकते हैं। आप अगर किसी भाव की मौजूदगी को नहीं मानते, तो आप उसे बदल नहीं सकते। सजग या सचेत होने का यही अर्थ है। इस जगह लाइन से नीचे और लाइन से ऊपर व्यवहार के कुछ उदाहरण दिए जा रहे हैं।

जब लाइन के ऊपर होंगे तो आपः

- उत्सुक हैं
- सजगता से सुन रहे हैं
- भावों को अनुभव कर रहे हैं
- बिना बहस किए सुनकर चर्चा कर रहे हैं
- प्रशंसा कर रहे हैं
- ज़िम्मेदारी ले रहे हैं
- अपने विश्वासों पर सवाल उठा रहे हैं

जब लाइन के नीचे होंगे तो आपः

- एक मत पर अटके रहेंगे
- दोष खोजेंगे
- बहस करेंगे
- अपनी बात को तार्किक और न्यायोचित ठहराएँगे
- गप्पें मारेंगे
- दूसरों को अपने विश्वास मनाने के लिए जोर देंगे
- संदेशवाहक पर हमला करेंगे

भय बनाम प्रेम

आप चाहें तो भय बनाम प्रेम के मॉडल का भी प्रयोग कर सकते हैं। आप पूरे दिन में भय या फिर प्रेम की मनोदशा में रहते हैं। जब आप कुछ पाने के लिए फोकस करते हैं, तो आप भय से काम कर रहे हैं; आप उस समय दूसरों की मंजूरी, ध्यान, पैसा या ताकत पाना चाह रहे हैं। वहीं दूसरी ओर, जब आप प्रेम के वश में हों, तो आपका फोकस देने पर रहता है, चाहे वह आपका समय हो, पैसा हो, प्यार हो या ध्यान हो। आप आसपास के लोगों के जीवन को बाँटना और सुधारना चाहते हैं। आप केवल अपनी रुचि के लिए नहीं बल्कि दूसरों के लिए भी ऐसा करना चाहते हैं।

हालाँकि आपके अपने काम भी आपकी देने और पाने की इच्छा का प्रतिनिधित्व कर सकते हैं परंतु इनमें से प्रायः एक भाव प्रबल होता है। अपने भावों को साधने के लिए आपको यह पहचानना सीखना होगा कि आपका काम भय से प्रेरित है या प्रेम से। जैसे अपने जीवन के प्रमुख लक्ष्यों को देखें। ये लक्ष्य भय पर आधारित हैं या प्रेम पर? क्या आप दुनिया को कुछ देने की कोशिश कर रहे हैं या आप दुनिया से लेने की कोशिश में हैं?

उदाहरण के लिए, मान लेते हैं कि आप एक्टर बनना चाहते हैं। इनमें से कोई भी कारण हो सकता है:

1. आपको पैसा कमाना है
2. मशहूर होना है
3. अपने दोस्तों और माता–पिता को कुछ करके दिखाना है
4. लोगों का मनोरंजन करना है
5. अपने–आप को अभिव्यक्त करना है

पहले तीन उदाहरण आमतौर पर भय से जुड़े होते हैं। आप अपने भीतर के अधूरेपन को पूरा करना चाहते हैं और दिखाना चाहते हैं कि आप कितने अच्छे हैं। फिर आखिरी दो उदाहरण प्रेम पर आधारित व्यवहार से संबंधित हैं, जो आपकी दुनिया को अपनी प्रतिभा का उपहार देने की इच्छा पर बल देते हैं।

अब जब हम गहराई से चर्चा करेंगे कि विभिन्न भावनाएं कैसे काम करती हैं, आप इन दो मॉडलों को ध्यान में रखें: लाइन के ऊपर/नीचे तथा भय–आधारित बनाम प्रेम–आधारित क्रियाएं।

ध्यान दीजिये की कैसे आप पूरे दिन में प्रेम और भय पर आधारित व्यवहारों के बीच होते हैं। उदाहरण के लिए, हो सकता है कि आप किसी ऐसे काम में हों, जो लोगों को और आपको संपूर्ण बनाने में सहायक हो। इस एक क्षण में आपको कुछ नहीं चाहिए। पाँच मिनट बाद, हो सकता है की आप कल्पना कर रहे हों कि जब आपको प्रोमोशन मिलेगी, तो आपके पिता को आप पर कितना गर्व होगा। इस एक क्षण में आप संपूर्ण अनुभव नहीं कर रहे। आप कुछ पाने की कोशिश में हैं और इस जगह आपको अपने पिता की मंजूरी की चाह है।

अपने कामों के पीछे छिपी मंशा को पहचानने की कोशिश करें। जब आप ऐसा करेंगे, तो आपको अहसास होगा कि आप दूसरों की मंजूरी पाने के लिए काफी समय दे रहे हैं, चाहे वे आपके सहकर्मी हों या बॉस। आपके माता–पिता हों या आपका साथी। इस पर ध्यान देते हुए, स्वयं से पूछें कि आप 'पाने की सोच' से हटकर 'देने की सोच' पर आने के लिए क्या कर सकते हैं।

अब इन दोनों मॉडलों को ध्यान में रखते हुए, यह देखें कि आप अपने भावों के लिए और अधिक सजगता कैसे पा सकते हैं, जिन्हें आप रोजमर्रा के जीवन में अनुभव करते हैं।

अध्याय–उन्नीस

अपने भावों को रिकॉर्ड करना

आप कैसा अनुभव करते हैं, उसमें सुधार लाने का पहला चरण यही होगा कि आप उन भावों के लिए सजग हों, जिन्हें आप नियमित रूप से अनुभव करते हैं। इससे पहले कि आप और अधिक सकारात्मक भाव पैदा कर सकें, आपको पहले अपना आरंभिक बिंदु तलाश करना होगा।

आप अपने दैनिक जीवन में जिन भावों को अनुभव कर रहे हैं, उनपर रोशनी डालने के लिए, मैं आपको पूरे एक सप्ताह तक भावों को रिकॉर्ड करने का निमंत्रण देता हूँ। कोई एक नोटबुक लें या वर्कबुक डाउनलोड करें। हर दिन दो मिनट तक रिकॉर्ड करें कि आप कैसा अनुभव कर रहे हैं और फिर स्वयं को 1 से 10 के पैमाने पर रेट करें। 1 यानी सबसे बदतर और 10 यानी सबसे बेहतर अनुभव करना। सप्ताह के अंत में कुल अंक देखते हुए निम्नलिखित प्रश्नों के उत्तर दें:

–आपने कौन–से नकारात्मक भाव अनुभव किए?

–इन भावों का क्या कारण था? असली तथ्य क्या हैं?

- क्या कुछ ऐसे विशिष्ट विचार थे, जिनकी वजह से आपने ऐसा अनुभव किया? क्या बाहरी कारकों ने इन नकारात्मक भावों को ट्रिगर किया? क्या आपकी नींद पूरी नहीं हो रही? क्या आप बीमार थे? क्या आपका एक्सीडेंट हुआ था?

–असल में क्या हुआ था? 'आपके मन में नहीं, असल दुनिया में?'

–आपने तथ्यों की व्याख्या कैसे की?

–आपको उस तरह अनुभव करने के लिए कैसी धारणाओं की आवश्यकता थी?

- क्या आपके विश्वास सटीक हैं?
- आप विचारों और घटनाओं की अलग व्याख्या से बेहतर अनुभव कर सकते थे?

–आप अपनी सामान्य अवस्था में वापिस कैसे आए?

- असल में क्या हुआ था? क्या आपने अपनी सोच बदली? क्या आपने उन बातों पर कार्यवाही की, जिन्हें आप करने से क़तरा रहे थे? क्या यह सब सहज भाव से हुआ?

–आप उन नकारात्मक भावों को कम करने या घटाने के लिए क्या कर सकते थे?

सटीक उदाहरण

मान लेते हैं कि आप एक सप्ताह तक अपने भावों को रिकॉर्ड करते हैं और आपको लगता है कि आप एकाध दिन हल्के डिप्रेशन में थे। वे कुछ ऐसे दिखाई दे सकते हैं:

उस भाव का क्या कारण था?

मुझे ऐसा काम करने को कहा गया, मुझे लगा कि मैं उसे पूरा करने में असमर्थ या अक्षम था।

असल में क्या हुआ था?

मुझे एक काम पूरा करने को कहा गया और मैंने उसे पूरा किया।

आपने तथ्यों की व्याख्या कैसे की?

- मुझे लगा कि मैं अक्षम था और ऑफिस में मेरे अलावा हर कोई वह काम करने में समर्थ था
- मुझे ऐसा लगा कि मुझे काम को सही तरह से करने लायक होना चाहिए था।
- ऐसा लगा मानो हर कोई मुझे परख रहा था।

आपको उस तरह अनुभव करने के लिए क्या विश्वास करना होगा?

मुझे विश्वास रखना होगाः

- मैं अक्षम हूँ।
- अक्षमता स्वीकार नहीं है।
- मुझे उस काम को करने के लायक होना चाहिए था।
- सभी मुझे परख़ रहे हैं।

क्या आपके विश्वास सच हैं?

क्या आप सच में काम करने के लायक नहीं हैं?

- हो सकता है कि मैं पूर्वाग्रह की वजह से खुद को कठोरता से परख रहा था।

क्या अक्षम होना स्वीकार्य नहीं?

- नहीं, असल में, मैं हमेशा हर चीज में सक्षम नहीं हो सकता।

क्या आपको वह काम करने लायक होना चाहिए था?

- मेरे पास उस तरह के काम करने का अनुभव नहीं है और मैं उसे मदद के बिना पूरा कर ही नहीं सकता था।

क्या यह सच है कि हर कोई आपको परख रहा है?

- हो सकता है कि कुछ लोग मुझे परख रहे हों, पर शायद यह सबके लिए सच नहीं है। शायद हर कोई इसकी परवाह भी नहीं करता। उन्हें अपनी समस्याओं से जूझना है। और अगर किसी

ने ध्यान नहीं दिया, तो? या फिर शायद, मैंने सब ठीक किया था और नकारात्मकता मेरे मन में थी।

आप अपनी तटस्थ अवस्था में वापिस कैसे आए?

मुझे अहसास हुआ कि यह बड़ी बात नहीं थी। मैंने एक सहकर्मी से पूछा कि मैंने जो किया, वह सही था क्या? उसने मेरी मदद की और सलाह भी दी। उसने मेरे कौशल निखारने के लिए कुछ अच्छी पुस्तकें पढ़ने का सुझाव भी दिया।

आप इस नकारात्मक भाव को कम करने या पूरी अलग तरह से करने के लिए क्या कर सकते थे?

मैं किसी से मदद के लिए कह सकता था और सारा काम स्वयं करने के बजाय सहायता ले सकता था।

जब आप इस प्रक्रिया से निकलेंगे, तो आप देखेंगे कि आपको नकारात्मक भावों का अनुभव क्यों हो रहा है। आप आत्म–पराजित करने वाले भावों को पहचान सकेंगे और दैनिक कंडीशनिंग और आत्मकथन की मदद से उनसे उबर सकेंगे।

अतिरिक्त सुझाव:

यह लिखना न भूलें कि आपने हर दिन कैसा अनुभव किया। इस तरह आपको अपने भावों से अलग होने में सहायता मिलेगी और आपको अहसास होगा कि उतार–चढ़ाव जीवन का सामान्य अंग हैं।

***

एक्शन स्टेप

वर्कबुक में अपने भाव रिकॉर्ड करें (*भाग–चार, विकसित होने के लिए अपने भावों का प्रयोग कैसे करें–अपने भाव रिकॉर्ड करें*)।

अध्याय–बीस

पर्याप्त अच्छा न होना

'जब मैंने ऑस्कर जीता, तो ऐसा लगा कि वह अनायास मिलने वाली सफलता थी। मुझे लगा कि सबको यह पता चल जाएगा और वे ऑस्कर वापिस ले लेंगे। वे मेरे घर आकर दरवाजा खटखटाकर कहेंगे, "माफ करें, हमें तो यह किसी और को देना था। यह तो मेरिल स्ट्रीप के लिए था।"'

–जोडी फॉस्टर

'आपको लगता है, "कोई मुझे दोबारा मूवी में क्यों देखना चाहेगा? और मैं तो एक्टिंग करना जानती भी नहीं, तो मैं यह क्यों कर रही हूँ?"'

–मेरिल स्ट्रीप

क्या आपको भी लगता है कि आप भी पर्याप्त अच्छे नहीं या आपमें इतनी क्षमता नहीं। पता है, केवल आप ही ऐसा नहीं सोचते। एक दिन मैंने एक ब्लॉगर दोस्त को लिखा थाः

'मैं बहुत सारे विषयों पर लिख सकता था, पर उन विषयों पर तो पहले से ही पुस्तकें मौजूद हैं। कई बार ऐसा लगने लगता है, "ऐसा करने की क्या तुक बनती है?"'

उसने उत्तर दियाः

'मैं भी इस भाव को समझता हूँ, जब हमारे मन से आवाज आती है कि ऐसा करने का क्या मतलब बनता है। जो भी कहने योग्य है, सब पहले कहा जा चुका है और मैं इसके बारे में लिखने वाला कौन होता हूँ? मैंने अब तक क्या हासिल किया है? खैर ... शायद ये सहज बात ही है। जानकर अच्छा लगा कि केवल हम ही नहीं हैं, जो इन बातों पर तनाव झेलते हैं।'

चाहे आपको पता हो या न हो, लाखों लोग ऐसा ही अनुभव करते हैं। अपने–आप में अधूरे होने की भावना ने शायद सबसे ज्यादा सपनों का गला घोंटा है। और ऐसा कौन है, जिसने कभी यह सब अनुभव नहीं किया होगा? इस जगह मैं आपको सूची दे रहा हूँ कि मैंने अपने जीवन में कैसा अनुभव कियाः

- मैं एक अच्छा लेखक नहीं हूँ
- मेरे पास आकर्षक व्यक्तित्व नहीं है
- मैं सक्षम नहीं हूँ
- मैं आत्मविश्वासी नहीं हूँ
- मैं इतना साहसी नहीं हूँ
- मैं इतना अनुशासित नहीं हूँ
- मैं एक अच्छा सार्वजनिक वक्ता नहीं हूँ
- मैं बहुत खूबसूरत नहीं हूँ
- मैं इतना प्रेरक नहीं हूँ
- मैं दिलचस्प इंसान नहीं हूँ
- मैं बहुत पैसा नहीं कमा पाता हूँ
- मैं इतना गठीला नहीं हूँ
- मैं इतना धीरजवाला नहीं हूँ
- मैं इतना अडिग नहीं हूँ
- मैं पहले से कुछ तैयारी नहीं कर पाता हूँ
- मैं इतना स्मार्ट नहीं हूँ
- मैं पर्याप्त काम नहीं कर पा रहा हूँ

- मैं इतना सख्त मिजाज नहीं हूँ
- मैं कड़ी मेहनत नहीं कर रहा हूँ
- मेरी अंग्रेजी इतनी अच्छी नहीं है
- मेरी जापानी इतनी अच्छी नहीं है
- मेरी याद्दाश्त इतनी अच्छी नहीं है

और यह सूची अंतहीन हो सकती है

जिन लोगों को लगता है कि वे किसी लायक नहीं हैं, यह उनके आत्मविश्वास की कमी की वजह से होता है। वे केवल उन बातों पर फोकस कर पाते हैं, जिनमें वे निपुण नहीं हैं, उन बातों को उपेक्षित कर देते हैं, जिनमें अच्छे हो सकते हैं। उन्हें तारीफ भी मिले तो वे कहेंगे, 'ये कोई बड़ी बात नहीं थी।' उन्हें यह भी लग सकता है कि आप कुछ ज्यादा ही विनम्रता दिखा रहे हैं या उनसे खिलवाड़ कर रहे हैं। ये लोग आसानी से अपनी प्रशंसा स्वीकार नहीं करते। ये आपको शुक्रिया कहने के बजाय, तारीफ लेने से इंकार करते हैं या अपनी भूमिका सही तरह से नहीं निभाते।

शायद, आप भी इसी तरह पेश आ रहे हैं? देखें, क्या आप भी तारीफ मिलने पर ऐसा ही कुछ करते हैं:

1. सारी बात को हवा में उड़ाते हुए नकार देते हैं, 'ये तो कोई भी कर सकता था।'
2. अपनी गलतियों के बारे में बात करते हैं और साथ ही समझाने की कोशिश करते हैं कि आप इससे कितना बेहतर कर सकते थे।
3. तारीफ करने की कोशिश करते हैं जैसे, 'धन्यवाद। आपने भी कमाल का काम किया।'

इन तीनों मामलों में यह देखें कि आप किसी से प्रशंसा स्वीकार करने की कितनी योग्यता रखते हैं।

हो सकता है कि आप प्रशंसा को यूँ ही नकार दें, पर इसके साथ अपनी हर असफलता का ब्यौरा देते हुए अपनी अक्षमता जाहिर करना चाहें। आपके पास अपनी असफलताओं की बड़ी सूची है, वे आपकी कहानी में

फिट बैठती हैं, इसलिए आप उन्हें आसानी से छोड़ना नहीं चाहते। अगर आप उन अधूरे स्त्री–पुरुषों में से न होते, जो कभी अपने–आपको पूरा नहीं समझ पाते, तो आप कौन होते? यह बात भले ही अजीब लगे, लेकिन इसमें कुछ डरावना भी है। कम–से–कम, अपने–आप में पूरा न हो पाने की निश्चितता से आपको राहत मिलती है।

कल्पना कीजिए कि क्या होगा यदि आप अपनी कहानी पर से पकड़ हटा दें, कुछ ऐसा करने का प्रयास करें जो आप हमेशा से करना चाहते थे, और असफल हो जाएं। आपका लंबे समय से चला आ रहा संदेह सच हो जाएगाः आप अपने–आप में पर्याप्त नहीं हैं। या इससे भी बदतर, अगर आप सफल हो गए तो क्या होगा? यह आपकी कहानी में कैसे फिट होगा?

याद रखें, आपका दिमाग नकारात्मकता के लिए पक्षपात रखता है। अगर आप अपना पक्षपात भी मिला दें, तो निश्चित तौर पर आप अपने लिए बेहतर महसूस नहीं करेंगे। असल में, आप अधिकतर काम सही करते हैं। यद्यपि अनुभव, रुचि या प्रतिभा की कमी यह बता सकती है कि आप कुछ क्षेत्रों में उतना अच्छा प्रदर्शन क्यों नहीं कर पा रहे हैं, जितना आप करना चाहते हैं, लेकिन इसका इस बात से कोई लेना–देना नहीं है कि आप पर्याप्त रूप से 'अच्छे' नहीं हैं।

आप अपने–आप में पर्याप्त अच्छे नहीं, इस भाव को अपने विकास के लिए कैसे प्रयुक्त करें

अपने–आप में पर्याप्त अच्छा अनुभव न करना इस बात का लक्षण है कि आपके अंदर आत्मसम्मान की कमी है। कई लोगों को अलग–अलग तरह से आत्मसम्मान की कमी महसूस होती है। मेरे साथ भी निश्चित तौर पर ऐसा होता है। कुछ लोगों के लिए, उनका किया जाने वाला हर काम अधूरा अनुभव होता है। दूसरे लोगों के लिए, वे कुछ खास हालात या जीवन के कुछ खास पहलुओं में ही अधूरापन महसूस करते हैं। जब भी आपको अपने आत्मसम्मान में कमी लगे, तो आप अपने आत्मसम्मान को बढ़ाने पर बेहतर महसूस कर सकेंगे।

ऐसा क्या है, जो आपके अंदर अधूरेपन की भावना को बढ़ाता है?

सबसे पहले तो आपको देखना होगा कि वह ट्रिगर क्या है। आप किन विचारों से अपनी पहचान जोड़ रहे हैं? आपके जीवन के कौन–से क्षेत्र इससे संबंधित हैं?

निम्नलिखित के बारे में लिखने के लिए कुछ मिनट का समय लें:

- वे हालात जिनमें आप स्वयं को थोड़ा अधूरा अनुभव करते हैं
- जिन विचारों से आप पहचान रखते हैं (आपकी कहानी)

अपनी उपलब्धियों को दर्ज करना

दूसरा कदम यही होगा कि आप अपनी उपलब्धियों को दर्ज करें। अक्सर आप अपने बारे में जो पूर्वाग्रह रखते हैं, वहीं से पर्याप्त न होने की, अधूरेपन की भावना उपजती है। आप अपनी कमियों पर ध्यान देते हुए, अपनी सफलताओं को मान नहीं दे पाते। स्वस्थ आत्मसम्मान रखने वाले लोग स्वयं को और वस्तुनिष्ठ रूप में देखते हुए, अपनी कमियों और खूबियों को स्वीकार करते हैं।

अपने आत्मसम्मान में सुधार लाने के लिए, उन सभी चीजों को स्वीकार करना शुरू करें, जिन्हें आप बहुत अच्छी तरह करते हैं। निम्नलिखित अभ्यास आपको ऐसा करने में सहायक होगा।

पहला अभ्यास–अपने लिए जीत का लॉग तैयार करें

अपनी उपलब्धियों को स्वीकार करने का सबसे अच्छा तरीका यह है कि आप उन्हें लिख लें। इस अभ्यास के लिए मैं आपको एक नोटबुक लगाने की सलाह दूँगा।

1. सबसे पहले वह सब लिखें, जो आपने अपने जीवन में हासिल किया हो। कम–से–कम पचास बातें लिखें। अगर आपको लिखने के लिए कुछ न सूझे, तो छोटी–मोटी उपलब्धि दर्ज करें। इस तरह आपको यह अनुभव करने में मदद मिलेगी कि आपने कितना हासिल किया।

2. हर दिन के अंत में, वे सब चीजें लिखें, जो आपने एक दिन में हासिल कीं। ये इतनी आसान चीजें भी हो सकती हैं, जैसे–

- मैं सुबह समय पर सोकर उठा
- मैंने व्यायाम किया
- मैंने सेहतमंद नाश्ता किया

हर रोज ऐसी पाँच से दस बातें लिखें

दूसरा अभ्यासः आत्मसम्मान का जार तैयार करें

एक और विकल्प यह हो सकता है कि आप अलग–अलग कागजों पर सब लिखें और उन्हें एक जार में डालें। इस जगह आपको इस अभ्यास को सही तरह से लागू करने के लिए कुछ सुझाव प्रस्तुत हैंः

- यह ध्यान रहे कि आपका जार या जो भी पात्र आप प्रयोग में ला रहे हों, वह आपको दिखाई देते रहना चाहिए। सबसे बेहतर जगह तो आपकी मेज ही है या फिर अपने सोने के कमरे में रख सकते हैं।
- अपनी पसंद का पात्र चुनें। उसका डिजाइन आपका मनपसंद हो। यह आपके आत्मसम्मान से जुड़ा है, इसलिए इसे देखकर आपको अच्छा लगना चाहिए। अगर यह पारदर्शी होगा, तो आप इसे आसानी से भरते हुए देख सकेंगे।
- इसे एक सकारात्मक नाम दें, जैसे मेरा आत्मसम्मान जार, मेरे अपने लिए प्रेम की घोषणा आदि।
- अपने पसंद के कागज पर उपलब्धियों को दर्ज करें। उदाहरण के लिए, आप चाहें तो अलग–अलग रंग के कागज ले सकते हैं। ये देखने में सुंदर लगेंगे। एक और तरीका यह हो सकता है कि आप ऑरीगेमी कागज का प्रयोग करें।
- अपने मनपसंद पेन का इस्तेमाल करें।

आपको अपनी असंख्य उपलब्धियों को याद करके लिखते हुए, खुद को बेहतर और अच्छा अनुभव करवाना है।

तीसरा अभ्यास–एक सकारात्मक डायरी तैयार करें

आप चाहें तो अपनी डायरी में उस दिन मिलने वाली हर प्रशंसा भी शामिल कर सकते हैं। आपके सहकर्मी ने जूतों की तारीफ की, उसे लिखें। आपके दोस्त ने बालों की तारीफ की, उसे लिखें। आपके बॉस ने कहा कि आपने कमाल का काम किया, उसे लिखें। प्रशंसा की गंभीरता पर सवाल न करें। हमेशा यही मानें कि वे सच्ची हैं। आपको अपने मन को जीवन में घटने वाली सकारात्मक बातों पर लगाए रखना है–वे घट रही हैं, चाहे आप उन्हें मान दें या न दें। इस जगह आपके अभ्यास को बेहतर करने के कुछ और उपाय प्रस्तुत हैं:

- अपनी मनपसंद नोटबुक खरीदें
- उसे निजी रूप प्रदान करें: उसमें स्टिकर लगा दें, उसमें कुछ बनाएँ, तस्वीरें लगा दें या मनपसंद रंग इस्तेमाल करें। अगर आप ऐसा कुछ नहीं करना चाहते, तो कोई बात नहीं। आपकी डायरी है, मर्जी भी आपकी चलेगी।
- इसे अपने साथ रखें: जब भी आपको कहीं से किसी की प्रशंसा मिले, तो इसे अपने संग्रह में शामिल करना न भूलें।
- इसकी प्रतिदिन समीक्षा करें: पुरानी बातों को बार–बार देखें और मानसिक तौर पर तारीफ करने वालों को धन्यवाद कहें। आप कह सकते हैं–'थैक्यू...। फिर उक्त व्यक्ति का नाम लें।' 'आई लव यू।' आप चाहें तो सुबह और शाम के समय इन पन्नों को पलट सकते हैं या केवल एक समय ही देखें, यह आपके समय और इच्छा पर निर्भर करेगा।

यह आपकी डायरी है। हम आपको केवल सुझाव दे सकते हैं। जो भी आपके काम आ सके।

प्रशंसा ग्रहण करना सीखें

हो सकता है कि आपको प्रशंसा ग्रहण करने में परेशानी होती हो। क्या आपको ये वाक्य जाने–पहचाने लग रहे हैं?

- ये तो कोई बड़ी बात नहीं है।

- ये तो कोई भी कर सकता है।
- अरे इस काम में तो उन लोगों ने सहायता की थी, तभी पूरा हो सका।
- मैं इससे और बेहतर कर सकता था।

आपको अपनी प्रशंसा को ग्रहण क्यों करना चाहिए—आपको ऐसा इसलिए करना चाहिए कि जो भी आपकी प्रशंसा कर रहा है, वह चाहता है कि आप उसकी बात को उपेक्षित करने के बजाय प्यार से ग्रहण करें। कल्पना करें आपने किसी को कोई उपहार दिया। अगर वह उस बॉक्स को खोलकर उपहार को एक ओर फेंक दे और उसपर पैर रख दे? तो क्या यह आपको पसंद आएगा, नहीं आएगा? बड़े खेद की बात है, हम अक्सर प्रशंसा सुनने पर ऐसा ही करते हैं। जब भी हम किसी की प्रशंसा ग्रहण करने से इंकार करते हैं, तो हम उस व्यक्ति का अपमान कर रहे हैं, जिसने हमारी तारीफ की, हमें सराहा। क्या आप नहीं चाहेंगे कि जब आप किसी की प्रशंसा करें, तो वह पूरे मन से उसे ग्रहण करे?

पहला अभ्यास—प्रशंसा ग्रहण करें

यह सादा—सा अभ्यास आपको प्रशंसा ग्रहण करने में मदद करेगा। जब भी कोई प्रशंसा करे तो उसे कहें:

धन्यवाद (फिर उस व्यक्ति का नाम लें)

ऐसा न कहें—'थैंक्यू, पर...। थैंक्यू तुम भी तो कम नहीं, इसमें क्या बड़ी बात है, थैंक्यू।'

आप निम्नलिखित तरीके से इस अभ्यास को पूरी तरह से लागू कर सकते हैं:

- आपका 'धन्यवाद' तेज आवाज में और पूरी तरह से स्पष्ट हो। हो सकता है कि आपमें भावनाओं को छिपाने की प्रवृत्ति हो और आप केवल मशीनी अंदाज में धन्यवाद कहें। असल में, आपको यह भी अहसास होगा कि आपने कभी किसी को दिल से धन्यवाद कहा ही नहीं।

- बात को आराम से कहें: इससे पहले कि आप नया वाक्य शुरू करें, आभार को प्रकट होने का समय दें। सामने वाले की बात को छोटा न करें और न ही उसे यह समझाने की कोशिश करें कि आप उसकी कही हुई बात के लायक नहीं हैं।
- आप जो अनुभव करें, उसे बताने में संकोच न करें: जिसने भी आपकी प्रशंसा की हो, उसे बताने में संकोच न करें कि आपको यह सुनकर अच्छा लगा। हो सकता है कि भीतर से विरोध हो। हममें से कई लोगों को आभार प्रकट करने में परेशानी होती है, क्योंकि हमारा घमंड हमें ऐसा करने नहीं देता। हम मानते हैं कि हम इतने मजबूत हैं कि हमें किसी की प्रशंसा या सहायता नहीं चाहिए, ऐसा ही है न? हम नहीं चाहते कि कोई भी आसानी से हमारी संवेदना को छू ले या हम खुद को आघात योग्य महसूस करें। अगर आप भी भीतर से ऐसा विरोध महसूस कर रहे हैं और यह अभ्यास आपको कठिन लग रहा है, तो आपको यह मानना होगा कि यह एक सामान्य बात है।

आपकी किसी प्रशंसा को स्वीकार करने की योग्यता इस बात का सूचक है कि आपके आत्मसम्मान का स्तर क्या है। प्रशंसा को स्वीकार करने का अभ्यास करें और स्वयं को दूसरों से जुड़ने का अवसर दें। जब आप इस प्रशंसा को ग्रहण करेंगे, तो इससे आपके आत्मसम्मान को बढ़ने में भी मदद मिलेगी।

दूसरा अभ्यास–सराहना का खेल

इस खेल का उद्देश्य यही है कि आप अपने बारे में चीजों को सराहें, जिन्हें आपने पहले मान नहीं दिया या नहीं सराहा। अपने साथी को बताएँ कि आपको उनके बारे में कौन–सी तीन चीजें पसंद हैं और उनसे भी वही करने को कहें। जितना संभव हो सके, बिलकुल सटीक शब्दों में बेझिझक अपनी बात कहें।

इस जगह कुछ उदाहरण दिए जा रहे हैं:

- मुझे अच्छा लगा कि आपने नाश्ता कर लिया, हालाँकि सुबह आप कितनी जल्दी में थे।

- मुझे अच्छा लगा कि आज बच्चों को स्कूल से तुम ले आए।
- मुझे अच्छा लगता है कि तुम काम से आकर मेरी परेशानियों को भी कितने गौर से सुनते हो।

इससे कुछ और आगेः

आत्मसम्मान एक जटिल विषय है। यह बहुत–से लोगों पर असर डालता है और अक्सर इसे गलत समझा जाता है। इससे उबरने में समय लगता है और प्रयास करना पड़ता है। यदि आप नियमित तौर पर ऐसा महसूस करें कि आप अपने–आप में पूरे नहीं हैं, तो मैं आपको प्रोत्साहित करूँगा कि आप इन पुस्तकों को पढ़ें। अगर इन्हें पढ़ने के बाद आपको अहसास हो कि आप गंभीर और दीर्घकालीन आत्मसम्मान से जुड़े विषयों से जूझ रहे हैं, तो हो सकता है कि आप किसी विशेषज्ञ की राय लेना चाहें।

- द *सिक्स पिलर्स ऑफ सेल्फ–एस्टीम*, नथेनियल ब्रेंडन, पीएचडी
- *ब्रेकिंग द चेन ऑफ लो सेल्फ–एस्टीम*, मर्लिन सोरेनसेन, पीएचडी
- *लो सेल्फ–एस्टीमः मिसअंडरस्टुड एंड डायग्नोज्डः वाय यू मे नॉट फाइंड द हेल्प यू नीड*, मर्लिन सोरेनसेन, पीएचडी

इस जगह आपको हर पुस्तक में दी गई सामग्री का सार दिया जा रहा हैः

द *सिक्स पिलर्स ऑफ सेल्फ–एस्टीम* में नथेनियल ब्रेंडन ने कहा है कि आप आत्मसम्मान के छह स्तंभों पर काम कर सकते हैं ताकि आप एक स्वस्थ आत्मसम्मान का भाव विकसित कर सकें:

1. सजग भाव से जीनाः लेखक के शब्दों में, 'सजग भाव से जीने का अर्थ होगा कि आप हर उस बात के लिए सजग होना चाहेंगे, जो हमारे कामों, उद्देश्यों, मूल्यों और लक्ष्यों से जुड़ी हो–हमारी पूरी योग्यता के साथ उन्हें पूरा करना चाहेंगे–फिर चाहे वह योग्यता क्या और कितनी भी क्यों न हो–और इस तरह पेश आना चाहेंगे, जिसे देखकर हम सब जान सकें।
2. आत्मस्वीकृतिः इसका अर्थ है कि आप स्वयं को मान देने का चुनाव कर रहे हैं। आप स्वयं के साथ सम्मान से पेश आते हुए,

अपने अधिकारों के लिए खड़े हो रहे हैं। आत्मस्वीकृति ही वह आधार है, जिस पर आत्मसम्मान विकसित होता है।

3. आत्मदायित्वः इसका अर्थ है कि आपको कोई बचाने नहीं आ रहा और आप स्वयं अपने जीवन के लिए उत्तरदायी हैं। यह इस बात का स्वीकार है कि आप ही अपने चुनावों और कामों के लिए उत्तरदायी हैं। आप ही इस बात के उत्तरदायी हैं कि आप अपने समय और प्रसन्नता का उपयोग कैसे करेंगे, क्योंकि केवल आप ही अपना जीवन बदल सकते हैं।
4. आत्मदृढ़ताः इसका अर्थ है, अपनी मांगों, इच्छाओं और चाह को आदर देना और यथार्थ में अभिव्यक्ति के उचित साधनों की खोज करना।
5. एक उद्देश्य के साथ जीनाः इसका अर्थ है कि आप अपने चुने हुए लक्ष्यों के साथ अपनी शक्तियों का प्रयोग कर रहे हैं। दूसरे शब्दों में, आपकी जीवन के हर क्षेत्र में लक्ष्य तय करने और प्राप्त करने की योग्यता।
6. निजी ईमानदारीः इसका अर्थ है कि आप इस तरह पेश आते हैं, जो आपके आदर्शों, धारणाओं और विश्वासों से मेल खाता हो। जब आप स्वयं को दर्पण में देखकर जान सकते हैं कि आप सही काम कर रहे हैं।

ब्रेकिंग द चेन ऑफ लो सेल्फ–एस्टीम में मर्लिन सोरेनसेन ने हमें इस विषय में एक विस्तृत परिदृश्य दिया कि आत्मसम्मान क्या है और ये कैसे काम करता है। उन्होंने बताया कि अपने बारे में नकारात्मक धारणा रखने से आपका आत्मसम्मान घटता है–यह काफी हद तक, आपके पिछले अनुभवों की नकारात्मक व्याख्याओं का नतीजा होता है। यथार्थ का यह विकृत बोध ही आपको भय और बेचैनी के बीच बनाए रखता है। इसमें आपके परिवार के परिवेश का भी बड़ा हाथ हो सकता है। शायद आपके माता–पिता बार–बार आपको यह भाव देते हों कि आपने जो भी किया, वह कभी भी अपने–आप में पूरी तरह से सही और अच्छा नहीं था।

अब आप पूरी तरह से विश्वास करने लगते हैं कि आप दूसरों से क़मतर हैं। नतीजन, आप हर चीज या घटना को अपनी नकारात्मक छवि के

आधार पर ही परखते हैं। मानो आप यथार्थ को रंगीन चश्मे से देख रहे थे; वह चश्मा जो तारीफ और प्रशंसा को नकारते हुए, आपको बार–बार अपनी आलोचना ही याद दिलाता है।

उनकी पुस्तकों के उदाहरण आपको यह समझने में मदद करेंगे कि आत्मसम्मान से जुड़ी परेशानियां किस तरह असल जीवन में सामने आती हैं। इसके अलावा? लेखक ने ऐसे दर्जनों व्यावहारिक अभ्यास दिए हैं, जो आपको अपने आत्मसम्मान से जुड़ी परेशानियों के बारे में और सजग होने और एक स्वस्थ आत्मसम्मान विकसित करने के साधन उपलब्ध करवाते हैं।

***

एक्शन स्टेप

वर्कबुक के संबंधित भाग में इन अभ्यासों के बारे में लिखें, (*भाग–चार, विकसित होने के लिए भावों का प्रयोग कैसे करें–अपने–आप में पर्याप्त अच्छा न होना*)।

अध्याय–इक्कीस

रक्षात्मक रवैया

'सही होने से जुड़ा हमारा लगाव, गलत होने के भय से जुड़ा हुआ समझा जा सकता है।'

–कैथरीन श्लट्ज़, पत्रकार व लेखक

क्या आप लगातार स्वयं को सही ठहराते रहते हैं? क्या आप किसी से अपमान या अनादर मिलने पर अपमानित महसूस करते हैं?

आप आत्मरक्षा क्यों करना चाहते हैं, इसके भी कुछ विशेष कारण हैं। जब आपको ये कारण पता होंगे, तो आप अपने बारे में बहुत कुछ जान सकेंगे और आपके अंदर से अपना बचाव करने की इच्छा जाती रहेगी। पहले, यह देखें कि आप आत्मरक्षा क्यों करना चाहते हैं।

आप रक्षात्मक रवैया क्यों अपनाते हैं?

अपनी कहानी या अहं को बचाने की इच्छा से ही आपके अंदर अपना बचाव करने की इच्छा पैदा होती है। जब भी आपके अहं को धक्का लगता है, तो आप ट्रिगर होते हैं और आपको अपना बचाव करने की ज़रूरत महसूस होती है। मेरा मानना है कि आप तीन प्रमुख कारणों से ट्रिगर होते हैं।

1. आपसे जो कहा गया, उसमें सच का अंश था
2. आपका मानना है कि आपसे जो कहा गया, उसमें सच का अंश था

3. आपके किसी मूल विश्वास पर चोट की गई हो

यह ध्यान दें कि चूँकि हम सभी की कहानियाँ अलग–अलग हैं, इसलिए हो सकता है कि हमारे ट्रिगर भी अलग ही हों।

1. आपसे जो कहा गया, उसमें सच का अंश था

किसी ने आपके बारे में कुछ सच बताया और आपके दिल को ठेस लगी। उदाहरण के लिए, हो सकता है कि वह आप पर किसी परियोजना विशेष को टालने का आरोप लगा रहा हो। आपकी इस सच को स्वीकार करने की अयोग्यता ही आपके रक्षात्मक रवैये का कारण है। जब यह विषय सामने आता है, तो इससे गुस्से, इंकार या आत्म–आलोचना जैसी भावात्मक प्रतिक्रियाएँ ट्रिगर होती हैं।

2. आपका मानना है कि आपसे जो कहा गया, उसमें सच का अंश था

आपसे आपके बारे में कुछ ऐसा कहा गया, जिसे आप भी सच मानते थे और आपको बुरा लगा। इस मामले में, हो सकता है कि आपको मिली आलोचना बेबुनियाद हो। फिर भी आपके दिल को चोट लगी। ऐसा क्यों हुआ? ऐसा इसलिए हुआ क्योंकि आपसे जो कहा गया, उससे आपके अपने बारे में अशक्त समझने वाले विचारों को पुष्टि मिली। उदाहरण के लिए, मान लेते हैं कि आप यह मानते हैं कि आप अपने–आप में पर्याप्त अच्छे नहीं हैं। यही विश्वास लेकर आप दूसरों से ज्यादा मेहनत करते हैं। अब अगर कोई आपको आलसी कहे तो आपको कैसा लगेगा? आपको बुरा लगेगा, है न? हालाँकि, ऐसा इसलिए नहीं होगा कि आप वास्तव में आलसी हैं, बल्कि इसलिए होगा कि आपका मानना है कि आपको अधिक मेहनत करनी चाहिए।

3. आपके किसी मूल विश्वास पर चोट की गई

किसी ने प्रत्यक्ष या अप्रत्यक्ष तौर पर आपके किसी एक मूल विश्वास पर चोट की है और आपको लगता है कि आपको अपना बचाव करना चाहिए। यह कोई धार्मिक या राजनीतिक विश्वास या फिर कोई सामान्य विश्वास

हो सकता है, जो आपने दुनिया या अपने बारे में बना रखा हो। आप इस विश्वास से जितना जुड़े होंगे, आपकी भावात्मक प्रतिक्रिया उतनी ही प्रबल होगी। इस जगह एक उदाहरण दिया जा रहा है:

कुछ लोगों का मानना था कि डोनाल्ड ट्रंप दुष्ट थे, इसलिए जब उन्हें चुना गया तो कई लिबरल्स लोगों की मजबूत भावात्मक प्रतिक्रिया सामने आई। कुछ लोग चीखे–चिल्लाए, तो कुछ हिंसा पर उतर आए। वहीं दूसरी ओर, दूसरे पक्ष के लोग ट्रंप की जीत से खुश थे।

एक ही घटना के लिए लोगों की अलग–अलग प्रतिक्रिया कैसे हो सकती है? ऐसा उनके मूल विश्वासों के कारण है। डेमोक्रेट्स और रिपब्लिकन्स, दोनों ही अपने राजनीतिक विश्वासों के साथ गहरी पहचान रखते हैं। यही कारण था कि डेमोक्रेट्स रोने लगे और रिपब्लिकन जीत की खुशी मना रहे थे।

जब भी आपके किसी विश्वास और फिर प्रिय विश्वास पर हमला होता है या उसे चुनौती दी जाती है, तो आपको भावात्मक प्रतिक्रिया का सामना करना होगा। विश्वास जितना गहरा होगा, आपकी भावात्मक प्रतिक्रिया भी उतनी ही गहरी होगी। इसका एक उदाहरण यह भी ले सकते हैं कि कैसे कोई व्यक्ति अपने धर्म की आलोचना सुनने के बाद सामने वाले की जान तक लेने को तैयार हो सकता है।

इस भाव को विकसित होने के लिए कैसे प्रयोग करें:

उन हालात को देखें, जो आपको ट्रिगर करते हों। जब भी आपको लगे कि आपको नीचा दिखाया जा रहा है, तो स्वयं से पूछें कि क्यों और किस विश्वास के कारण आप ऐसा महसूस कर रहे हैं? क्या आप इस विश्वास से मुक्त हो सकते हैं? और क्या सच में यह विश्वास सत्य है?

ऐसा करने से आपको अपने बारे में बहुत कुछ सीखने का अवसर मिलेगा। आप उन विश्वासों से मुक्त हो सकेंगे, जो आपके काम नहीं आ रहे और आपको अहसास होगा कि अधिकतर मामलों में आपको अपना बचाव करने की जरूरत भी नहीं थी।

***

एक्शन स्टेप

वर्कबुक में इससे संबंधित भाग का अभ्यास पूरा करें (*भाग–चार, विकसित होने के लिए भावों का प्रयोग कैसे करें–आत्मरक्षा*)

जब भी अपना बचाव करने का भाव मन में आए, तो स्वयं से निम्नलिखित प्रश्न करना न भूलें:

- मैं इस जगह क्या बचाने की कोशिश कर रहा हूँ?
- क्या मैं इस विश्वास को त्याग सकता हूँ?
- मैं इस विश्वास के बिना क्या होता?

अध्याय–बाईस

तनाव और चिंता

'हर चिंता के बीच सकारात्मक कर्म का अवसर छिपा रहता है। हर झूठ में, सत्य का अंश है। हर विक्षिप्त लक्षण के बीच पूरी तरह से अच्छा और संतुष्ट जीवन जीने की दिग्भ्रमित इच्छा बसी है।'

–डेविड के. रेनॉल्ड्स, कंस्ट्रक्टिव लिविंग

क्या आपने कभी सोचा कि तनाव क्या है और आपको इसका अनुभव क्यों होता है?

अधिकतर लोगों का मानना है कि एक परिस्थिति तनावपूर्ण हो सकती है। सच तो यह है, तनाव आपके बाहर कहीं नहीं होता, इसलिए कोई भी परिस्थिति या हालात तनावपूर्ण हो ही नहीं सकते। हालाँकि, मेरा मानना है कि आप नियमित रूप से तनाव का अनुभव करते हैं। और शायद जितना आप चाहते हों, उससे कहीं अधिक।

तनाव ही प्रतिवर्ष सैकड़ों–हजारों मौतों का उत्तरदायी है। तनाव कई रोगों से भी ज्यादा नुकसान करता है और असंख्य परिवार अपने प्रियजन के वियोग में दुख उठाते हैं। यही कारण है कि आपको अपने तनाव के बढ़ते स्तर को कम करने के लिए कदम उठाने चाहिए।

अपने तनाव का उत्तरदायित्व लेना

आप आसानी से तनाव को नियंत्रित कर सकते हैं, इसलिए आपको इसका उत्तरदायित्व लेना चाहिए। आप इसका जितना अधिक उत्तरदायित्व लेंगे, इसे उतना ही बेहतर तरीके से कम कर सकेंगे।

तनाव कई कारणों से घटता है और असंख्य परिस्थितियों में प्रकट होता है। काम पर जाते हुए ट्रैफिक जाम होना, एक व्यावसायिक प्रेजेंटेशन, बॉस से तनाव या अपने साथी से होने वाली झड़पें, इन सबमें तनाव के संभावित स्रोत होते हैं। आप दो तरीकों से तनाव घटा सकते हैं:

- आप उन हालात से दूर हो सकते हैं, जो तनावपूर्ण लगते हों, और
- तनावपूर्ण हालात का उचित प्रबंधन कर सकते हैं।

हम देखेंगे कि आप कैसे इन उपायों की मदद से अपने तनाव के स्तर को कम कर सकते हैं।

आप विकसित होने के लिए तनाव का प्रयोग कैसे कर सकते हैं

अभ्यास–अपने तनाव के प्रमुख स्रोतों की सूची तैयार करें।

आइए, उन खास हालात को देखें, जो आपके लिए तनाव पैदा करते हों। वर्कबुक में वे सभी कारण लिखें, जो एक सप्ताह में तनाव के कारण बने हों। ऐसे कम–से–कम दस कारण लिखें।

तनाव का ढाँचा फिर से तैयार करें

आप घटनाओं की जिस तरह व्याख्या करते हैं, उससे ही भाव पैदा होते हैं। आप किसी भाव या तनाव का अनुभव कर रहे हैं, इसका मतलब है कि आपने उस घटना के साथ अपनी व्याख्या को जोड़ दिया है। अन्यथा, आपका जीवन तनावरहित होता।

अब अपने लिए पैदा होने वाले तनावपूर्ण हालात की सूची देखें। हर हालात के लिए स्वयं से निम्नलिखित प्रश्न करें:

- क्या वह परिस्थिति अपने–आप में तनावपूर्ण है?
- उस एक हालात विशेष में तनाव को अनुभव करने के लिए मुझे क्या विश्वास करना होगा?
- किसी विशेष हालात में तनाव को मिटाने या कम करने के लिए मुझे क्या विश्वास करना होगा?

मान लेते हैं कि आप ट्रैफिक जाम में फँस गए हैं और आपके लिए यह तनावपूर्ण हो गया है।

क्या वह परिस्थिति अपने–आप में तनावपूर्ण है?

नहीं, ऐसा जरूरी नहीं। ट्रैफिक जाम होता है और इसमें कुछ गलत नहीं है।

उस विशेष परिस्थिति में तनाव का अनुभव करने के लिए मुझे क्या विश्वास करना होगा?

मुझे यह विश्वास करना होगाः

- कोई ट्रैफिक जाम नहीं होने चाहिए इसलिए कुछ तो गलत है।
- ट्रैफिक जाम अपने–आप में तनावपूर्ण है।
- मुझे ट्रैफिक जाम में होने के बजाय उस जगह होना चाहिए था, जिस जगह मैं जा रहा था।
- मैं इसके बारे में कुछ कर सकता हूँ।

उस विशेष परिस्थिति में तनाव को कम करने या मिटाने के लिए मुझे क्या विश्वास करना चाहिए?

मुझे यह विश्वास करना होगाः

- ट्रैफिक जाम अपने–आप में एक सामान्य घटना है।
- केवल ट्रैफिक जाम में फँसने की वजह से ही तनाव अनुभव करने की जरूरत नहीं है।
- मैं इस ट्रैफिक जाम में हूँ और कम–से–कम कुछ देर यहीं रहना है, अभी उस जगह नहीं हो सकता, जहाँ जा रहा था।

- मैं इसके बारे में कुछ नहीं कर सकता, इसलिए इसका भी आनंद लेना चाहिए या फिर कम–से–कम इसके बारे में तनाव नहीं रखना चाहिए।

चिंता से निपटना

चिंता तनाव से अलग होती है, क्योंकि यह किसी ऐसी बात के बारे में नहीं है जिसे आप वर्तमान में अनुभव कर रहे हों, हो सकता है कि आप बीते हुए समय में या आने वाले समय की चिंता कर रहे हों। जब आप वर्तमान क्षण में तनावपूर्ण हालात का सामना करते हैं, तो आपको तनाव का अनुभव होता है।

उदाहरण के लिए, ट्रैफिक जाम में फँसना या बॉस से झड़प होना, यह तनावपूर्ण हालात हैं। अगर आप बार–बार इन घटनाओं को याद करते हैं या आपको लगता है कि आने वाले समय में भी ऐसा ही होगा, तो आप चिंता कर रहे हैं। रोचक बात है कि आपकी अधिकतर चिंताएँ निम्नलिखित कारणों से अनावश्यक होती हैं:

- वह सब पहले घट चुका है और आप इसके बारे में कुछ नहीं कर सकते।
- हो सकता है कि आने वाले समय में भी ऐसा हो और आप भविष्य को नियंत्रित नहीं कर सकते।

अभ्यास–अपनी चिंताओं की सूची तैयार करें

उन बातों की सूची तैयार करें, जिनकी आपको चिंता रहती है (अतीत और वर्तमान)। वे उन बातों के समान हो सकते हैं, जिन्हें आपने पिछले अभ्यासों में लिखा। उन चीजों के उदाहरण, जिनके बारे में आपको चिंता हो सकती है:

- आपका स्वास्थ्य
- आपकी वित्तीय परिस्थितियाँ
- आपका काम
- आपके संबंध, और / या
- आपका परिवार

अब, कम–से–कम दस ऐसी चीजों के बारे में लिखें, जिनके बारे में आप एक सप्ताह से चिंता करते आ रहे हों।

अपनी चिंताओं की छँटनी करें

लगातार चिंता उन घटनाओं को नियंत्रित करने की कोशिश करने से उत्पन्न होती है जिन पर आपका कोई नियंत्रण नहीं होता। जब आप ऐसा करते हैं, तो आप अपने जीवन में अनावश्यक तनाव पैदा कर रहे हैं। तनाव से निपटने और लंबे समय तक बनी रहने वाली चिंताओं से असरदार तरीके से निपटने के लिए, यह आवश्यक है कि आप चिंताओं को सुलझाना सीखें। इसे करने का असरदार तरीका यही होगा कि आप उन बातों को अलग कर लें, जिन पर नियंत्रण हो सकता है या जिन पर नियंत्रण नहीं हो सकता। आप चाहें तो अपनी चिंताओं को तीन श्रेणियों में विभाजित कर सकते हैं:

1. जिन बातों पर आपका नियंत्रण है
2. वे बातें जिन पर आपका थोड़ा नियंत्रण है, और
3. वे बातें जिन पर आपका कोई नियंत्रण नहीं है

1. जिन बातों पर आपका नियंत्रण है:

इस श्रेणी में ऐसी बातें शामिल हैं, जो आपकी कार्यवाही और व्यवहार से जुड़ी हैं। उदाहरण के तौर पर, आप चाहें तो यह चुन सकते हैं कि क्या कहना है और कैसे कहना है। आप चाहें तो यह भी चुन सकते हैं कि आपको अपने लक्ष्यों को पाने के लिए कौन–से कदम उठाने चाहिए।

2. जिन बातों पर आपका थोड़ा नियंत्रण है:

कुछ ऐसी बातें हैं, जिन पर आपका बहुत कम नियंत्रण है, जैसे कोई प्रतियोगिता या नौकरी का इंटरव्यू। आप निश्चित तौर पर नहीं कह सकते कि आप टेनिस का मैच जीतेंगे पर इसके नतीजे को थोड़ा नियंत्रित कर सकते हैं। उदाहरण के लिए, आप चाहें तो अपना प्रशिक्षण बढ़ा सकते हैं या फिर कोई कोच रख सकते हैं। इसी तरह, आप चाहें, तो जिस कंपनी में आवेदन करने जा रहे हों, उसके बारे में पूरी तरह से जानकारी

और शोध के बाद ही इंटरव्यू देने जाएँ या पहले मॉक इंटरव्यू कर लें। हालाँकि आप इन हालात को पूरी तरह से अपने बस में नहीं कर सकते।

3. वे बातें जिन पर आपका कोई नियंत्रण नहीं है

खेद से कहना पड़ता है कि ऐसी अनेक बातें हैं, जिन पर आपका कोई नियंत्रण नहीं होता। इन बातों में मौसम, अर्थव्यवस्था या ट्रैफिक जाम शामिल हो सकते हैं।

अभ्यास–अपनी चिंताओं की छँटनी करें

अपनी तनावपूर्ण हालात की सूची देखें। हर बात के साथ लिखें कि वह कौन–सी श्रेणी में आती है–नियंत्रण है, थोड़ा नियंत्रण है या कोई नियंत्रण नहीं है। इस तरह आपको इन्हें घटाने में मदद मिलेगी। जब आप उन बातों को पहचान लेंगे, जिन पर आपका कोई बस नहीं चल सकता, तो आप उनके बारे में चिंता करना छोड़ सकते हैं।

अब जिन बातों पर आपका कुछ भी या थोड़ा–सा भी नियंत्रण है, लिखें कि आप उनके बारे में क्या कर सकते हैं। आप उन्हें दूर करने के लिए कौन–से ठोस कदम उठा सकते हैं?

जिन बातों पर आपका कोई बस न हो, क्या आप चाहें तो उन्हें बस में करने की मांग को छोड़ सकते हैं या फिर उन्हें स्वीकार कर सकते हैं?

अपने तनाव और चिंता का सौ प्रतिशत उत्तरदायित्व लेना

कैसा होता अगर आपके पास अपनी चिंताओं के लिए सोच से ज्यादा नियंत्रण होता? जिन हालात पर आपका बस नहीं, उन्हें देखें और उनके बारे में स्वयं से पूछें, 'अगर यह मेरे बस में होती, तो मैं क्या करता? यह कैसी दिखाई देती? या मैं इसे घटने से कैसे रोक सकता था?'

अक्सर आपको अहसास होगा कि आपका इन हालात पर थोड़ा बस होता है। आप चाहें तो इन्हें बदल सकते हैं, नए सिरे से व्यवस्थित कर सकते हैं या अपने जीवन से हटा सकते हैं।

मान लेते हैं कि आपके लिए ट्रैफिक जाम एक ऐसी घटना है, जिसके बारे

में आप कुछ नहीं कर सकते। यह सुनने में उचित लगता है। जब आप ट्रैफिक जाम में हों, तो आप वाकई कुछ नहीं कर सकते। पर क्या आप यह काम अलग तरह से कर सकते थे, जैसे आप घर से जल्दी निकलते या किसी और रास्ते से जाते?

हालात को नए सिरे से व्यवस्थित करना कैसा रहेगा? हालात से मानसिक तौर पर बचने के बजाय, आप चाहें तो ट्रैफिक जाम को अपने दिन का उत्पादक हिस्सा बना सकते हैं। आप चाहें तो इस दौरान ऑडियो बुक्स सुन सकते हैं। जरा सोचें कि अगर आप रोज काम पर जाते हुए ऑडियो बुक सुन पाते, तो आप कितना कुछ सीख सकते थे।

अपनी सूची देखें और उन चीजों को देखें, जिन पर आपका बस नहीं है। यह भी लिखें कि आप उन हालात को बदलने, नए सिरे से तैयार करने या मिटाने के लिए क्या कर सकते थे।

***

एक्शन स्टेप

वर्कबुक के संबंधित हिस्से में दिये गए अभ्यास लिखें (*भाग–चार, विकसित होने के लिए अपने भावों का प्रयोग कैसे करें–तनाव/चिंता*)।

अध्याय–तेईस

लोग आपके बारे में क्या सोचेंगे

'किसी दूसरे की सोच आपका नुकसान कैसे कर सकती है? उसकी सोच के बारे में आपकी सोच नुकसान करती है, अपनी सोच बदलें।'

–वरनॉन हॉवर्ड, द पावर ऑफ योर सुपरमाइंड

क्या आप अपने लिए कही गई बातों की जरूरत से ज्यादा चिंता करते हैं। हम इस भाग में आपको बताने जा रहे हैं कि आप लोगों की कही बातों की इतनी चिंता क्यों करते हैं और इन हालात को हल करने के लिए क्या कर सकते हैं।

आप इस संसार के सबसे महत्वपूर्ण व्यक्ति हैं

सबसे पहले, आपको यह अहसास होना चाहिए कि आप इस संसार के सबसे महत्वपूर्ण व्यक्ति हैं। अगर आपको मेरा विश्वास नहीं, तो याद करें कि आपने आखिरी बार पीड़ा का सामना कब किया था। शायद दाँत का दर्द या फिर सर्जरी के दौरान या फिर दुर्घटना में टाँग टूटने के बाद। तब आप क्या सोच रहे थे? क्या आपको अफ्रीका में होने वाले अकाल की चिंता थी? क्या आपको मिडिल ईस्ट में युद्धों में मारे गए लोगों की चिंता थी?

नहीं

बस आप यही चाहते थे कि आपको पीड़ा से छुटकारा मिल सके। उस समय आपके लिए, आप ही दुनिया के सबसे महत्वपूर्ण व्यक्ति थे। चूँकि आपको अपने साथ सातों दिन और चौबीसों घंटे रहना है, इसलिए आपको अपनी मानसिक और शारीरिक सेहत की चिंता होनी चाहिए।

आपको अहसास होना चाहिए कि इस धरती पर हर इंसान के लिए यही सच है। मेरे लिए, आप इस दुनिया के सबसे अहम व्यक्ति नहीं हैं—मैं हूँ। और उनके दृष्टिकोण से, आपके निकटतम मित्र, दोस्त, परिवार के सदस्य या सहकर्मी भी यही सोचते होंगे।

चूँकि आप अपने साथ चौबीसों घंटे रहते हैं, इसलिए आप यह गलत सोच अपना लेते हैं और शायद अनजाने में ही यह स्वीकार कर लेते हैं कि लोग आपके बारे में आमतौर पर सोचे जाने की अवधि से कहीं ज्यादा सोचते हैं। असल में, अधिकतर तो यही होता है कि लोग आपकी परवाह नहीं करते। हालाँकि सुनने में बुरा लगेगा पर ये अपने–आप में बड़ी बात है। इसका मतलब है कि आपको इस बारे में बहुत ज्यादा चिंता नहीं करनी चाहिए कि लोग आपके बारे में क्या सोचते हैं।

जैसा कि कहा भी गया हैः

> जब आप बीस के होते हैं, तो आपको चिंता होती है कि सब क्या सोचते हैं, जब आप चालीस के होते हैं, तो आप यह चिंता करना छोड़ देते हैं और जब आप साठ के होते हैं, तो आपको पता चलता है कि आपके बारे में तो कोई सोच ही नहीं रहा था।

आप ही अपनी भूलों और अपने जीवन के अटपटे पलों का हिसाब रखते हैं और किसी को परवाह नहीं पड़ी। लोग अपनी ही चिंता में मगन हैं। लोग कभी भीः

- आपकी पिछली असफलताओं का हिसाब नहीं रखते
- सोशल मीडिया पर आपकी हर पोस्ट नहीं पढ़ते
- आपके जीवन के अटपटे पल याद नहीं रखते

- आपके बारे में बहुत ज्यादा नहीं सोचते
- आपकी उतनी परवाह नहीं करते, जितनी वे अपनी परवाह करते हैं

आपको हर कोई प्यार नहीं करेगा

लोग आपके बारे में क्या कहेंगे, आप इसकी परवाह इसलिए करते हैं, क्योंकि आप चाहते हैं कि वे आपको अपनी मंजूरी दें। आप मान लेते हैं कि ऐसा करने का बेहतर तरीका यही होगा कि आप हलचल पैदा न करें। नतीजन आप अपना पूरा जीवन एक आदर्श व्यक्ति बनाने में लगा सकते हैं, आशा करते हैं कि दूसरे भी आपको प्यार करेंगे।

हालाँकि ऐसा आमतौर पर नहीं होता। भले ही आप कितने भी महान क्यों न हों, कुछ लोग आपको कभी पसंद नहीं करेंगे। लोगों की नजरों में आपकी क्या छवि है, आप जितनी भी कोशिश कर लें, उसे बदल नहीं सकते। लोग आपको वैसे ही देखेंगे, जैसे वे आपको देखना चाहते हैं, क्योंकि उनके पास अपने मूल्य और विश्वास होते हैं।

इस तरह अगर आप अपना मूल्यांकन इस बात से करते हैं कि लोग आपके बारे में क्या सोचते हैं, तो आप हमेशा दूसरों की मंजूरी के भरोसे रहेंगे। अगर वे आपको अचानक नापसंद कर देंगे तो क्या होगा? अगर आप स्वयं को ही मंजूर नहीं करते, तो बाहरी मंजूरी मिलने का कोई लाभ नहीं है।

अगर आप चाहते हैं कि सभी आपको प्यार करें, तो शायद आपको ऐसा नीरस जीवन जीना पड़ सकता है, जिसमे आप अपने व्यक्तित्व को प्रकट नहीं कर सकते। आप अपने दोस्तों की चापलूसी करते, आसपास के लोगों को राजी करते ही रह जाएँगे और दुनिया के सबसे खास इंसान को खुश नहीं कर सकेंगे–आप!

लोग आपके बारे में क्या सोचते हैं, आपको उससे क्या लेना है

आप दूसरों की सोच के लिए जवाबदेह नहीं हैं। वास्तव में, लोग आपके बारे में क्या सोचते हैं, इससे आपका कोई लेना–देना नहीं है। आपको हर

संभव तरीके से अपने व्यक्तित्व को प्रकट करना है और इसके साथ ही आपकी मंशा भी सच्ची होनी चाहिए। कुल मिलाकर, आपकी जिम्मेदारी यही है कि अपने प्रति पूरी तरह से सच्चे रहें। फिर चाहे लोग आपको पसंद करें या न करें, दोनों ही तरह से ठीक होगा। याद रहे, सबसे प्रभावशाली लोग यानी बड़ी हस्तियों को अक्सर अनेक लोगों की घृणा का सामना करना ही पड़ता है।

इसलिए लोगों के मन में अपनी छवि बदलने को अपना निजी मिशन न बनाएँ। लोग अपने विश्वासों और मूल्यों के साथ जीते हैं और आपको उन्हें नापसंद करने का पूरा अधिकार है। वे चाहें तो अपने फिल्टर से आपके कामों और बर्ताव की व्याख्या कर सकते हैं। आपके निजी विकास का एक भाग यह होगा कि आपको बाकी सबके जैसा नहीं बनना और आप चाहें तो वही रह सकते हैं, जो आप हैं।

विकसित होने के लिए इस भाव का प्रयोग कैसे करें

ज़रूरत से ज्यादा सजग होने का मतलब होगाः

1. लोग आपके बारे में क्या सोचते हैं, इसके बारे में आपका दृष्टिकोण सही नहीं है
2. आप आत्मछवि से मोह रखते हैं, जिसकी आप सुरक्षा करना चाहते हैं।

अगर आप इस स्थिति से बचना चाहें, तो आपको इन दो बातों पर ध्यान देना होगाः

1. लोग आपके बारे में क्या सोचते हैं, इसके बारे में अपना दृष्टिकोण बदल दें

लोग आपके बारे में क्या सोचते हैं, इस बात की परवाह कम करने के लिए आपको दूसरे लोगों के साथ अपने संबंध को नए सिरे से परिभाषित करना होगा। इसमें आपको इन बातों का अहसास करना होगाः

- लोग आपकी परवाह नहीं करते, और

- आप लोगों की परवाह नहीं करते।

अभ्यास 1–लोग परवाह नहीं करते, इस बात का अहसास होना

यह अभ्यास आपको गहरे स्तर पर समझने में मदद करेगा, अधिकतर लोग असल में आपकी परवाह नहीं करते।

- कोई ऐसा इंसान चुनें, जिसे आप जानते हों। वह कोई दोस्त, साथी या सहकर्मी हो सकता है।
- स्वयं से पूछें कि आप अपने रोजमर्रा के जीवन में उसके बारे में कितना सोचते हैं।
- अब खुद को उसकी जगह रखकर देखें। आपके हिसाब से वह एक औसत दिन में आपके बारे में कितना सोचता होगा? आपके हिसाब से इस समय वह किस बारे में चिंता कर रहा होगा?
- इस प्रक्रिया को कम–से–कम दो और लोगों के साथ दोहरा लें।

जब आप यह अभ्यास करेंगे, तो आपको अहसास होगा कि अधिकतर लोग इतने व्यस्त रहते हैं कि उनके पास आपके बारे में सोचने का समय नहीं है। वे भी तो चौबीसों घंटे अपने साथ ही रहते हैं। उनकी अपनी नजरों में, वे दुनिया के सबसे अहम इंसान हैं। आप नहीं हैं। और उनसे यही आशा की जानी चाहिए।

अभ्यास 2–यह अहसास होना कि आप परवाह नहीं करते

आप भी दूसरे लोगों की परवाह नहीं करते। इस अभ्यास से आपको अहसास हो जाएगा।

- अपने पूरे दिन को याद करें और उन लोगों को याद करने की कोशिश करें, जिनसे आपकी भेंट हुई होगी या आप मिले होंगे। वह किसी रेस्त्रां का कोई वेटर या फिर सड़क पर मिला हुआ परिचित भी हो सकता है।

- स्वयं से पूछें कि आपने इस अभ्यास से पहले इन लोगों के बारे में कितना सोचा था। शायद आपने उनके बारे में बिलकुल नहीं सोचा था, है न?

जैसाकि आप देख सकते हैं, आपके पास सच में लोगों की चिंता करने का समय नहीं है। अधिकतर समय आपको अपनी ही चिंता रहती है। यह नहीं कह सकते कि आप स्वार्थी हैं या आपको दूसरों की परवाह नहीं है। आप बस इंसान होने की कोशिश में हैं।

आत्मछवि के मोह से बचें

अगर आप आत्मछवि के मोह में रहेंगे, तो शायद आपको चिंता रहेगी कि लोग आपके बारे में क्या सोचते हैं। शायद आप उनकी मंजूरी चाहें या आपको डर हो कि वे आपको परखेंगे। आपके लिए यह अनिवार्य है कि आप उस आत्मछवि से मुक्त होना सीखें।

अभ्यास–आत्मछवि से मुक्त होना

- उन सभी चीजों को लिखें जिनके बारे में आपको आलोचना का डर हैः हो सकता है कि आपको यह चिंता हो कि आप कैसे दिखते हैं या आपको लगता है कि कहीं आप कुछ मूर्खतापूर्ण न बोल दें।
- लिखें कि आप परवाह क्यों करते हैंः यहाँ क्या मुद्दा है? आप किस छवि को बचाना चाहते हैं? क्या लोगों को लगता है कि आप स्मार्ट हैं और आप इस छवि को पूरा नहीं कर सकेंगे? क्या आप डरते हैं कि कुछ गलत कहने से आपको नकारा जा सकता है?

यह अभ्यास उन बातों के लिए सजगता लाएगा, जिनकी आपको चिंता रहती है और उन्हें संबोधित करने में मदद मिलेगी। इसके अलावा, इस भाग में दिये गए अभ्यास को पूरा करना न भूलें, *अपने भावों का त्याग*।

अंत में, यह याद रखें कि लोग अपने मूल्यों और विश्वासों के आधार

पर आपके शब्दों और कामों की व्याख्या करेंगे। अगर आप चाहते हैं कि आपका व्यक्तित्व चमके, तो उन्हें यह अनुमति दें कि वे आपके अंदर वही देखें जो वे देखना चाहते हैं।

***

एक्शन स्टेप

वर्कबुक के संबंधित भाग में ये अभ्यास पूरे करें (*चौथा भागः विकसित होने के लिए अपने भावों का प्रयोग कैसे करें–लोग आपके बारे में क्या सोचते हैं, इसकी परवाह करना*)

अध्याय–चौबीस

नाराजगी

'भले ही हम अपने दुश्मनों को प्यार नहीं कर सकते, पर अपने–आप से तो कर ही सकते हैं। हमें स्वयं से इतना प्रेम करना होगा कि हमारे दुश्मन चाहकर भी हमारी प्रसन्नता, सेहत और छवि को उपेक्षित न कर सकें।'

–डेल कारनेगी, हाउ टू स्टॉप वरिंग एंड स्टार्ट लिविंग

जब आप लोगों से नाराजगी रखते हैं, तो आपके अंदर उनके लिए गुस्सा है कि वे उस तरह पेश नहीं आए, जैसा आप उनसे चाहते थे। हो सकता है कि उन्होंने अपना वादा तोड़ा हो, या शायद उन्होंने आपको वह न दिया हो, जिसकी आपको उनसे अपेक्षा थी। शायद आपने यह सोचा हो कि उन पर आपका कुछ बकाया है, लेकिन वे उसे पूरा करने में असफल रहे?

जब आप उन लोगों से प्रभावी ढंग से संवाद करने में विफल हो जाते हैं जिनसे आप नाराज हैं, तो अक्सर नाराजगी बढ़ती है। यानी, जब आप उन्हें यह नहीं बताते कि आपके दिल को ठेस लगी; जब आप अपनी मांगों या जरूरतों को नहीं बताते और यह मान लेते हैं कि वे अपने–आप ही उसे पूरा कर देंगे। जब आप अपनी बात कहने के बाद भी सब भूलते नहीं और बैर पाले रखते हैं। जैसाकि नेल्सन मंडेला ने एक बार कहा था, 'नाराजगी का मतलब है कि आप स्वयं जहर पी रहे हैं और आशा

करते हैं कि ऐसा करने से आपके दुश्मन मारे जाएँगे।' यह तरीका कभी काम नहीं आता।

लोगों से अप्रसन्नता होना

किसी भी अन्य भाव की तरह, अक्सर इस फार्मूला की वजह से ही यह भाव और गहरा हो जाता है: व्याख्या + पहचान + दोहराव = मजबूत भाव

हो सकता है कि इन बातों की वजह से आप किसी से छोटी–सी बात पर भी बरसों की नाराजगी पाल लें:

- आपकी ओर से उस घटना की व्याख्या
- आप उसके बारे में स्वयं को जो कहानी सुना रहे हैं, उससे पहचान जोड़ना
- आप उस घटना को कितनी बार मन में दोहराते हैं

मान लीजिए कि आपके किसी मित्र ने आपको पार्टी में आमंत्रित न करके आपके साथ 'विश्वासघात' किया है। आपको लगता है कि वह धोखेबाज है और आप उससे अपने मन में नाराज हैं। आपको लगातार यही लगता है कि वह आपके साथ ऐसा कैसे कर सकता है। यही सोच आपको लगातार खाती रहती है और आप उससे संपर्क तोड़ने का निश्चय कर लेते हैं। कई महीने बाद भी आप नाराज हैं। असल में वह घटना इतना परेशान करने वाली नहीं थी। उस घटना की आपकी व्याख्या ने नाराजगी पैदा की।

अब यह भी हो सकता है कि आपकी व्याख्या ही गलत हो? हो सकता है कि दोस्त को लगा हो कि शायद आपको वह पार्टी पसंद नहीं आएगी। उसे लगा हो कि आप व्यस्त हैं? चलो फिर भी, उसे आपको बुलाना तो चाहिए था, पर कोई भी इंसान अपने–आप में संपूर्ण नहीं होता। अगर आप अपनी व्याख्या को परे रखकर उससे कभी मिलते, तो शायद हालात कुछ अलग ही होते।

नाराजगी पैदा होने का जोखिम

अक्सर आप जिनसे नाराज हो जाते हैं, उनका सामना न करने की आपकी अयोग्यता या अनिच्छा ही आग में ईंधन डालती है। आप लगातार

उस घटना को अपने दिमाग में जीते रहते हैं। नतीजन समय के साथ आपका गुस्सा और भी बढ़ता जाता है। अगर आप उन लोगों से नियमित मेलजोल रखते हैं, तो यह और भी सच हो जाता है।

विकसित होने के लिए अप्रसन्नता का प्रयोग कैसे करें

जब आप लोगों को क्षमा करके जीवन में आगे नहीं बढ़ते, तो मन में नाराजगी पैदा होती है। भविष्य में क्या हो सकता है, इसे अनदेखा करते हुए, आप बीती बातों में ही ध्यान लगाए रखते हैं। जब आप नाराज हों तो आपको अवसर मिलता है कि आप माफी देना और सब भूलना सीखें, इससे भी अहम बात यह है कि इस तरह आप स्वयं से प्रेम करना सीखते हैं।

नाराजगी आपको बताती है कि आपको स्वयं से प्रेम करना चाहिए और किसी भी चीज की तुलना में अपनी मानसिक शांति से प्रेम करना चाहिए। आपके मन की शांति आपके सही होने, बदला लेने या किसी से नफरत करने से कहीं ज्यादा बेहतर है। संक्षेप में, बैर से परे जाकर अपने लिए प्यार का ऐलान करना चाहिए ताकि आप आगे बढ़ सकें। इसके साथ ही दूसरों के लिए करुणा दिखाना भी न भूलें।

स्वयं से प्रेम करना

नेल्सन मंडेला के शब्दों को दोहरा रहे हैं कि बैर या नाराजगी जहर पीने के समान है। यह उस खरपतवार की तरह है, जिसे आप अपने बाग में उगने दे रहे हैं। जब आप नाराजगी का अनुभव करते हैं, तो आपको लगता है कि आप किसी चीज के हकदार थे, जो आपसे ले ली गई है। उदाहरण के लिए, यह किसी का भरोसा, सम्मान और प्रेम हो सकता है। नतीजन आपको लगता है कि किसी ने आप पर निजी तौर पर हमला किया हो।

यह नाराजगी तब तक बनी रहेगी, जब तक आपकी सही होने की मांग, आपकी मानसिक शांति से बढ़कर बनी रहेगी। जब आप नाराजगी से जुड़ी भावनाओं से इस भाव को पोसते रहेंगे, तब तक यह नाराजगी बनी

रहेगी। और यह तब तक रहेगी, जब तक आप इसे दबाते रहेंगे। यही वजह है कि आपको अपनी मानसिक शांति को अपनी प्राथमिकता बनाना चाहिए और अपने साथ–साथ दूसरों को माफ करना भी सीखना चाहिए।

दूसरों से स्नेह करना

मन से नाराजगी को दूर करने की आपकी योग्यता, आपकी करूणा के स्तर से जुड़ी है। आप जितने अधिक करूणावान होंगे, आपके लिए नाराजगी को छोड़ना उतना ही आसान होगा। एक समझने वाली खास बात यह है कि लोग हमेशा अपनी चेतना के स्तर पर काम करते हैं। आपको लग सकता है कि काश किसी ने आपके साथ अलग तरह से बर्ताव किया होता, पर अगर उसने ऐसा नहीं किया तो शायद वह ऐसा करने में सक्षम नहीं था।

इस प्रकार, लोगों को अच्छा या बुरा कहने के बजाय, यह कहना सही होगा कि वे अचेत हैं या सजग। जब वे आपके साथ बुरा करते हैं, तो ऐसा अक्सर इसलिए होता है क्योंकि उनके अंदर चेतना का अभाव होता है या वे उस समय नकारात्मक भावात्मक अवस्था में होते हैं।

बड़े खेद से कहना पड़ता है कि लोग बहुत ज्यादा कंडीशंड होते हैं। वे अपनी परवरिश की वजह से एक खास तरह से पेश आते हैं। लोग अक्सर अपने माता–पिता जैसा ही आचरण करते हैं, यही वजह है कि आपने सुना होगा कि जिन लोगों को अभिभावकों से बुरा बर्ताव सहना पड़ता है, वे आगे चलकर अपने बच्चों के साथ बुरा बर्ताव करने लगते हैं।

जैसाकि एक्हार्ट टोल ने *पावर ऑफ नाउ* में लिखा है:

> 'अतीत से कंडीशंड मन हमेशा अपनी परिचित चीजों को फिर से रचना चाहता है। भले ही वह पीड़ाजनक हो, पर कम–से–कम वह परिचित तो है। मन सदैव ज्ञात से चिपका रहता है। अज्ञात खतरनाक है क्योंकि इसका अपने पर बस नहीं है। यही वजह है कि मन वर्तमान को नापसंद करते हुए उपेक्षित करता है।'

संक्षेप में, अचेत मनुष्य का स्वभाव ही ऐसा है कि वह पुराने ढाँचों को

बार–बार बनाना चाहता है। अपने परिवार के इतिहास को देखें, तो आप इन ढाँचों को पहचान सकते हैं। आप देखेंगे कि लोग किस तरह कंडीशंड होते हैं। इससे पता चलता है कि लोगों के लिए तयशुदा ढाँचों से बाहर आना कितना मुश्किल होता है।

मैं हमेशा अपनी माँ से नाराज रहता कि वे मेरे लिए जरूरत से ज्यादा फिक्र करतीं। मैं उन्हें दोष देता कि वे मुझे विकसित होने का अवसर नहीं दे रही थीं और मैं उससे भी ज्यादा कमजोर हो रहा था, जितना कमजोर था। शायद यही एक वजह थी कि मैंने निजी विकास यात्रा पर काम किया। हालाँकि मुझे अहसास हुआ कि उनकी मंशा बुरी नहीं थी। बस वे अपनी ओर से बेहतरीन करना चाहती थीं।

लोग वही करते हैं, जो वे कर सकते हैं या जो उनके पास है या वे कौन हैं या वे कितने कंडीशंड हैं। वे लगातार अनेक भूलें करते हैं। हम सभी करते हैं। इंसान होते ही ऐसे हैं।

इंसानों के तौर पर हम जो भी हास्यास्पद काम करते हैं, उनमें से एक यह है कि हम अतीत को बदलना चाहते हैं। अतीत में जो हुआ, वह तो होना ही था। क्योंकि वह हो ही चुका है। अब सवाल पैदा होता है कि आप इसके बारे में क्या करने जा रहे हैं।

नाराजगी से कैसे पेश आना है

अगर आप इस भाव से पीछा छुड़ाना चाहें, तो हम इन बातों की अहमियत पर रोशनी डालेंगे:

1. अपनी व्याख्या का नए सिरे से मूल्यांकन करना या उसे बदलना
2. हालात का सामना करना
3. माफ करना
4. दोहराव को रोकना

आपके साथ जो कुछ हुआ, उसकी व्याख्या की वजह से आप नाराज हुए। इसकी वजह से आपको लगा कि आपके साथ धोखा हुआ, आपको गुस्सा आया और बदला लेने का मन किया। आप बार–बार दृश्य को मन में

दोहराते रहे और चूँकि आप नाराजगी की वजह से उस व्यक्ति या वस्तु का सामना नहीं करना चाहते थे, इसलिए भाव निरंतर बढ़ता चला गया।

अगर आप चाहते हैं कि इस भाव को बढ़ने से रोका जा सके, तो आपके लिए अनिवार्य होगा कि जो भी घटा, आप उसकी व्याख्या का नए सिरे से मूल्यांकन करते हुए, उस हालात या व्यक्ति का सामना करें, जिससे आपकी नाराजगी हुई है। ऐसा करने के बाद, आपको ऐसे व्यक्ति को क्षमा कर देना चाहिए। आपको भूलने का चुनाव करना चाहिए। इस तरह वह दृश्य आपके मन में बार–बार नहीं आएगा।

1. अपनी व्याख्या का नए सिरे से मूल्यांकन करना या उसे बदलना

हालात को संभालने के लिए, यह जरूरी है कि जो भी घटा हो, आप उसकी व्याख्या को देखें। हो सकता है कि आपने हालात को ज्यादा नाटकीय बना दिया हो। यह भी हो सकता है कि आपने किसी चीज की गलत व्याख्या की हो? अपने–आप से पूछें कि असल में क्या हुआ था? जब आप अपनी व्याख्या को दूर कर देंगे, तो केवल तथ्य ही रह जाएँगे। असल में जो हुआ था, उसे देखने से आपको गहरी समझ मिलेगी, जिससे आप अपनी मौजूदा व्याख्या को एक सशक्त व्याख्या से बदल सकेंगे।

2. हालात का सामना करना

अगर आपकी नाराजगी लोगों से है, तो शायद आपको उनके साथ ईमानदारी से चर्चा करते हुए यह बाँटना चाहिए कि आप कैसा अनुभव करते हैं।

अक्सर नाराजगी तभी होती है, जब आप उन लोगों के साथ अपने मन की बात नहीं कर पाते। ऐसा अक्सर भय की वजह से होता है: आपको लगता है कि आप आघात योग्य हैं, आपकी वजह से दूसरे के दिल को ठेस लग सकती है या नकारात्मकता का भय आपके और उस व्यक्ति के संबंध को प्रभावित कर रहा है। अगर आप उस व्यक्ति से प्रत्यक्ष बातचीत नहीं कर सकते, तो उसे पत्र लिखना भी एक विकल्प होगा। भले ही आप

उसे न भेजें, पर केवल पत्र लिखने से ही आपको अपनी नाराजगी को दूर करने में मदद मिलेगी।

3. क्षमा करना

अब आपको स्वयं को अभिव्यक्त करने का एक साधन मिल गया है, अब आप स्वयं को क्षमा करना आरंभ कर सकते हैं। आपने सभी तथ्य देखकर अपनी व्याख्या का पुनः मूल्यांकन कर लिया है। आपने उस व्यक्ति से भी पूरी ईमानदारी से बात कर ली है, जिससे आपके मन में नाराजगी का भाव आया था। आपने वही किया, जो आपको करना चाहिए था और अब आप चाहें तो इस बात को भूल सकते हैं।

इस नाराजगी से पैदा हुए नकारात्मक नतीजों के बारे में सोचें। यह भी लिखें कि इससे आपकी प्रसन्नता और मन की शांति कैसे प्रभावित होंगे। याद रहे, अतीत से आपका जुड़ाव ही आपकी नाराजगी की वजह है। केवल क्षमा करना ही असली चीज और वर्तमान है, जो हो चुका है और असली नहीं है, उसे भूलना है और मुक्त कर देना है। जरा सोचें, जब आप अपने मन में छिपे सारे बैर और नाराजगी बाहर निकाल देंगे, तो आपके कंधों का बोझ हल्का हो जाएगा। इसे अभी करें। इसके बाद इसे जाने दें। क्षमा कर दें।

याद रखें, क्षमा करने का अर्थ है, अपने–आप से प्रेम करना। आप केवल इसलिए क्षमा नहीं करते कि आपके अंदर करुणा है बल्कि ऐसा इसलिए भी करते हैं, क्योंकि आप किसी भी दूसरी चीज से अधिक अपनी प्रसन्नता को मोल देते हैं। जब आप क्षमा करते हैं, तो आप अपनी कहानी से जुड़ा मोह छोड़कर, उससे जुड़ी सोच को अपने–आप से दूर कर देते हैं। नाराजगी या रोष को खुद से दूर करने के लिए आप चाहें तो 'अपने भावों से मुक्त हों' नामक भाग में दी गई पाँच चरणवाली प्रक्रिया का प्रयोग कर सकते हैं।

4. भूलना

अंत में आपको भूलना सीखना होगा। भूलना तब होता है जब आप नाराजगी के विचारों को मन में आने से रोकते हैं और बस आगे बढ़

जाते हैं। जब ऐसे विचार उठें, तो उन्हें जाने दें। समय के साथ वे अपनी ताकत खो देंगे।

***

एक्शन स्टेप

वर्कबुक के संबंधित भाग में ये अभ्यास पूरे करें (*चौथा भागः विकसित होने के लिए अपने भावों का प्रयोग कैसे करें–नाराजगी*)

अध्याय–पच्चीस

ईर्ष्या

जब आपके अंदर जलन या ईर्ष्या का भाव आता है, तो आप कुछ ऐसा पाना चाहते हैं, जो किसी दूसरे के पास है और आपके पास नहीं है। हम सभी समय–समय पर जलन का भाव महसूस करते हैं और आपको इसके लिए स्वयं को दोष नहीं देना चाहिए। इस भाग में, मैं आपको बताने वाला हूँ कि ईर्ष्या का भाव कैसे काम करता है और इससे निपटने के लिए कुछ उपाय भी दिए जाएँगे।

विकसित होने के लिए ईर्ष्या के भाव का कैसे प्रयोग करें

ईर्ष्या या जलन इस भाव से उपजती है कि आप अपने अंदर से भरे–पूरे नहीं हैं। यह भावना अभाव और कमी से उपजती है। आप कुछ ऐसा पाना चाहते हैं, जो आपके हिसाब से आपके पास होता तो आपको भरा–पूरा कर सकता था। इसके साथ ही आपको उसे भी खोने का डर लगता है, जिसे आप अपना मानते हैं।

ईर्ष्या आपको वह खोजने में मदद कर सकती है, जो आप असल में चाहते हैं

जलन आपको बता सकती है कि आप गलत राह पर हैं और यह आपको वह खोजने में मदद कर सकती है, जो आप असल में चाहते हैं। उदाहरण

के लिए, सूसन केल अपनी पुस्तक 'क्वाइट' में लिखती हैं कि वे अक्सर अपनी उन दोस्तों से जलन रखती थीं, जो लेखक या मनोवैज्ञानिक थे। दिलचस्प बात यह है कि हालांकि वह उस समय वकील थीं, फिर भी उन्हें सफल वकीलों से जलन महसूस नहीं हुई–जैसा कि उनके वकील मित्र अक्सर करते थे। तब उन्हें अहसास हुआ कि शायद वे वकील बनने के लिए नहीं बनी थीं। नतीजन उन्होंने अपना करियर बदला और एक लेखक बनीं।

मुझे भी ऐसा ही अनुभव हुआ था। हालाँकि मैं एक सलाहकार था, मैं अपनी कंपनी के सफल लोगों से ईर्ष्या नहीं रखता था। वहीं दूसरी ओर, मुझे अपनी निजी विकास यात्रा में, सफल निजी विकास ब्लॉगर्स और यूट्यूबर्स से नफरत होती थी। जब मुझे यह अहसास हुआ कि दो लोग ठीक वही काम कर थे, जो मुझे करना चाहिए था, तो मुझे अपने अंदर से जलन महसूस होने लगी। मैंने कल्पना की कि अगर मुझे भी अपने अध्ययन और विकसित होने की प्रक्रिया के दौरान दूसरों की मदद करने और समाज के लिए अपना सहयोग देने का अवसर मिलता, तो कितना अच्छा होता। यही वजह थी कि मैंने ब्लॉग बनाया और पुस्तकें लिखने लगा। जैसाकि आप देख सकते हैं, अगर ईर्ष्या के भाव का सही तरह से उपयोग किया जाए, तो यह लाभदायक हो सकता है।

अभ्यास–यह पहचानें कि आपको किससे ईर्ष्या है

यह लिखें कि आपको किससे जलन हो रही है। अब यह देखें कि इससे आपके बारे में क्या पता चलता है और आप जीवन से क्या चाहते हैं?

ईर्ष्या अभाव की मानसिकता का सूचक हो सकती है

दूसरी परिस्थितियों में, ईर्ष्या आपके अंदर के अभाव की मानसिकता का सूचक हो सकती है। मैं आपको निजी जीवन से उदाहरण देना चाहूँगा। जब मैं बेस्टसेलिंग लेखकों को देखता हूँ तो कई बार ईर्ष्या महसूस होती है। मानो वे मेरा कुछ चुरा रहे हैं और मैं भी उनके जितनी सफलता पाने का अधिकार रखता था। मुझे इस भावना पर गर्व नहीं है, पर मैं इसके लिए खुद को दोषी भी नहीं ठहरा सकता।

ईर्ष्या की यह भावना इस विश्वास से उपजी है कि इस विषय में केवल सीमित सफलता ही उपलब्ध है। इस तरह, जब भी किसी को सफलता मिल रही है, तो वह आपके हिस्से की चोरी कर रहा है। जबकि रोचक बात यह है कि दरअसल ऐसा नहीं होता। अगर हो भी तो, लेखकों के लिए इससे ठीक विपरीत होता है। एक लेखक दूसरे लेखकों से जितना सहयोग करता है, उसके सफल होने की संभावना उतनी ही बढ़ती है। जो लेखक सब कुछ स्वयं ही करना चाहता है, उसके असफल होने का जोखिम बढ़ जाता है। हालाँकि यह लेखकों तक ही सीमित नहीं है। प्रतियोगिता के बजाय सोच को सहयोग की ओर ले जाने से आपको अभाव की भावना से मुक्त होने और प्रचुरता की भावना की ओर जाने में सहायता मिलेगी।

इन दिनों, जब दूसरे लेखकों को सफल होते हुए देखता हूँ तो खुद को याद दिलाता हूँ कि कितनी अच्छी खबर है। जो भी हो, अगर वे ऐसा कर सकते हैं, तो मैं भी कर सकता हूँ। और मेरे साथी लेखक जितने सफल होते हैं, वे आने वाले समय में मेरी मदद करने में उतने ही सक्षम हो जाते हैं। इसके अलावा यह भी सच है। मैं दूसरे लेखकों को सफल होने में जितना मदद करता हूँ, वे भी भविष्य में मेरी उतनी ही मदद कर सकेंगे। जैसाकि जिग जिगलर ने कहा है, 'आप अपने जीवन में जो जी चाहें पा सकते हैं, बस आपको दूसरों को उनका मनचाहा पाने में मदद करनी होगी।' याद रखें, जो दूसरे लोग कर सकते हैं, आप भी वह कर सकते हैं। याद रखें, सफलता कोई सीमित संसाधन नहीं है।

अभ्यास–प्रतियोगिता के बजाय सहयोग करें।

अतीत में किसी ऐसे समय को याद करें, जब आपने किसी दूसरे की उपलब्धियों के लिए ईर्ष्या को अनुभव किया था। अब स्वयं से पूछें कि आपने वैसा क्यों महसूस किया। फिर स्वयं से पूछें:

- उस व्यक्ति को सहयोग देना कैसा लगता?
- मैं उस व्यक्ति को कैसे सहयोग कर सकता था?
- उस व्यक्ति की सफलता मेरे लिए अच्छी क्यों है?

ईर्ष्या आपको सिखा सकती है कि आपको आत्मसम्मान से जुड़ी परेशानियां हल करनी चाहियें

शायद आपको डर लगता है कि आपका महिला/पुरुष साथी आपसे धोखा कर सकते हैं या किसी दूसरे के लिए आपको छोड़ सकते हैं। ऐसा भाव अक्सर इस सोच के साथ आता है कि आप अपने–आप में पर्याप्त अच्छे नहीं हैं और आपको खुद को पूरा करने के लिए एक साथी की जरूरत होगी। बदकिस्मती (या खुशकिस्मती) से, जिस तरह आप लोगों की सोच या अपने लिए बर्ताव को नहीं बदल सकते, उसी तरह अपने प्रियजन की सोच भी नहीं बदल सकते। अक्सर अपने साथी को नियंत्रित करने की इच्छा ही उन्हें और आगे धकेल देती है। कभी–कभी ईर्ष्या होना आम है, पर अगर आपको बहुत जलन होती है, तो आपको अपने अंदर देखना होगा। आपकी असुरक्षा और भय अक्सर आत्मसम्मान की कमी से आते हैं और आपके अंदर भय बना रहता है कि आपको अपने लिए प्यार नहीं मिलेगा।

कई बार ईर्ष्या की वजह से निम्नलिखित व्यवहार भी सामने आ सकते हैं:

- अपने साथी को नियंत्रित करने की कोशिशः आप चाहें तो अपने साथी के मेल या फोन देखने की कोशिश कर सकते हैं ताकि उसे दोस्तों से मिलने जाने से रोका जा सके।
- आप अपने साथी के प्यार की परख कर सकते हैं: आप अपने साथी से एक खास तरह से पेश आने की अपेक्षा रख सकते हैं और जब वे ऐसा नहीं करते, तो आपको लगता है कि आपको धोखा दिया जा रहा है। यह भाव इस बात से उपजा है कि आपको अपनी मांग के बारे में अपने साथी को नहीं बताना चाहिए। वह स्वयं ही अनुमान लगा ले कि आप क्या चाहते हैं।
- ऐसी चीजों की कल्पना करना, जो कहीं हैं ही नहीं। आप तथ्यों के साथ खिलवाड़ करते हुए अपने में तरह–तरह की कहानियाँ बना सकते हैं।

मैं आपको इस भाग को देखने की सिफारिश करता हूँ, 'अपने–आप

में पर्याप्त अच्छा न होना' इससे आप सीख सकेंगे कि एक स्वस्थ आत्मसम्मान का भाव कैसे विकसित हो।

ईर्ष्या आपको संकेत दे सकती है कि आपको दूसरों के साथ अपनी तुलना बंद कर देनी चाहिए

> 'लाखों–करोड़ों लोगों का यही मानना है कि दूसरे उनकी तुलना में ज्यादा प्रसन्न हैं। मैं आपको यकीन दिलाता हूँ कि ऐसा नहीं है। काश आप उन मुस्कुराते लोगों के दिलों में छिपे दुखों को जान सकते, तो आपको सब पता चल जाता। काश आप देख पाते कि वे कितनी उत्सुकता से कहीं और होना चाहते हैं, कुछ अलग करना चाहते हैं, कुछ अलग बनना चाहते हैं जो वे नहीं हैं।'
>
> *–वेरोन हॉवर्ड, द पावर ऑफ़ योर सुपरमाइंड*

अक्सर दूसरों से तुलना करने की वजह से जलन की भावना पैदा होती है। इस बात का अहसास बहुत मायने रखता है कि ऐसी तुलना अनुत्पादक होती है, क्योंकि यह पूर्वाग्रह से ग्रस्त है। आपको समकक्ष में तुलना करनी आनी चाहिए। आप दोस्तों की सफलता देखते हैं, पर आपको यह अहसास नहीं होता कि यह तस्वीर का एक हिस्सा है। हो सकता है कि वे आपको ऊपर से खुश लगें पर यह भी हो सकता है कि वे अंदर से नाराज और डिप्रेशन में हों। आपके दोस्त आपसे अधिक प्रसन्न हैं, यह मानने के बजाय, यह मानना बेहतर होगा कि आप भी उनकी तरह ही प्रसन्न हैं।

इसके अलावा आपको यह भी देखना चाहिए कि आपके दोस्त आपसे किन मामलों में बेहतर हैं। शायद आपको लगता है कि वे आपसे ज्यादा पैसा कमा रहे हैं, आप अकेले हैं और उन्हें साथी मिल गया है, या फिर आपको उनकी कुदरती ताकतों और खूबियों से नफरत है। इस जगह परेशानी यही है कि आप उचित रूप से तुलना नहीं कर पा रहे। आप अपनी ही ताकतों को अनदेखा कर रहे हैं और फिर आपको लगता है कि आप उनसे बेहतर नहीं या उनके बराबर नहीं।

आप उन क्षेत्रों को देखते हैं जिनमें वे सफल हैं और फिर आप अपने

जीवन पर नजर डालते हैं कि उनकी तुलना में आप कितने अच्छे प्रतीत होते हैं । बेशक, बहुत अच्छी तरह नहीं। आप कई लोगों की संयुक्त ताकत के साथ कैसे प्रतिस्पर्धा कर सकते हैं! क्या आप देख सकते हैं कि इस तरह की तुलना कितनी पक्षपातपूर्ण और अवास्तविक है? फिर भी, हममें से कई लोग ऐसा करते हैं, भले ही अनजाने में।

बस यह ध्यान रहे कि अगर आपको ईर्ष्या हो रही है, तो ऐसा इसलिए हो सकता है क्योंकि आप अनुचित प्रकार की तुलना कर रहे हैं। आप स्वयं की तुलना, अपने पिछले 'कल' से क्यों नहीं करते। आप अपनी ओर से इतना ही कर सकते हैं कि आप पिछले साल, पिछले महीने या कल जो थे, आज उससे और बेहतर हों। क्योंकि हम सभी अलग–अलग हालात के साथ जीवन आरंभ करते हैं और हमारे कौशल और व्यक्तित्व भी अलग हैं, इसलिए एक समुचित और न्यायोचित तुलना संभव ही नहीं है।

अभ्यास–बराबरी के बीच हो तुलना

यह अभ्यास आपको समुचित रूप से तुलना करने में सहायक होगा। कोई ऐसा व्यक्ति चुनें, जिससे आप अक्सर अपनी तुलना करते हों। वे सब बातें लिखें, जो आप उस इंसान से बेहतर कर रहे हैं।

***

एक्शन स्टेप

वर्कबुक के संबंधित भाग में ये अभ्यास पूरे करें (*चौथा भागः विकसित होने के लिए अपने भावों का प्रयोग कैसे करें–ईर्ष्या*)

अध्याय–छब्बीस

डिप्रेशन

'डिप्रेशन की सबसे बुरी बात यह है कि यह किसी लत की तरह होता है। जब आप डिप्रेशन में नहीं होते, तो आपको बेचैनी होने लगती है। आपको प्रसन्न रहने के लिए अपराध बोध का अनुभव होता है।'

–पेटे वेंट्ज़, संगीतज्ञ

नॉन–क्लीनिकल डिप्रेशन तब होता है, जब आप उस जगह नहीं हैं जहाँ आप जीवन में होना चाहते हैं। आप उसे पाने की उम्मीद खो चुके हैं और आप इसे स्वीकार नहीं कर सकते। यह जीवन में किसी दुखदायी घटना के बाद हो सकता है या फिर हो सकता है कि आपके जीवन के कुछ पहलू आपसे बिछुड़ रहे हैं। जीवन के एक या कई हिस्सों में असहाय अनुभव करने से ही डिप्रेशन का जन्म होता है। इस जगह कुछ उदाहरण दिए जा रहे हैं:

- आपकी नौकरी नहीं रही और आपको अपनी अपेक्षा के अनुसार काम मिलने की कोई आशा नहीं है।
- आप बीमार हैं और आप जितनी अच्छी तरह से ठीक होना चाहते हैं उसकी उम्मीद नहीं है।
- आपका अपने साथी से तलाक हो गया और आपको बच्चों से सप्ताह में एक बार ही मिलने दिया जाता है।

- आपको एक अच्छा साथी मिलने की उम्मीद नहीं रही।
- आप पर इतना कर्ज है कि शायद आप उससे उबर नहीं सकेंगे।
- आपको किसी प्रियजन का वियोग है।

हालाँकि ये घटनाएँ अपने–आप में दुखदायी हैं, पर आपके जीवन में इससे कम गंभीर घटनाओं से भी डिप्रेशन पैदा हो सकता है। उदाहरण के लिए, कुछ लोग बीती हुई बातों या आने वाले समय पर बिसूरने में इतना समय लगा देते हैं कि अंततः वे डिप्रेशन के शिकार हो जाते हैं। ऐसा हो सकता है, चाहे उनके जीवन में कोई बड़ी दुखदायी घटना न घटी हो।

'अपने–आप को यह याद दिलाना अनिवार्य है कि डिप्रेशन भी अन्य भावात्मक अवस्थाओं की तरह, न तो अच्छा है और न ही बुरा, ये बस होता है। आप अपना डिप्रेशन नहीं हैं। आप इसके अस्तित्व से पहले भी थे, इसके दौरान भी हैं और इसके जाने के बाद भी बने रहेंगे।'

डिप्रेशन एक सक्रिय प्रक्रिया है

हालाँकि आपको ऐसा लग सकता है कि आप डिप्रेशन से ग्रस्त हैं, असल में, यह उस नकारात्मक सोच से बनता है, जिससे आप अपनी पहचान जोड़ते हैं। इस तरह, अपने डिप्रेशन के लिए आप स्वयं भी जिम्मेदार हैं। क्या इसका मतलब होगा कि आपको इसके लिए शर्मिंदगी होनी चाहिए या खुद को नीचा दिखाना चाहिए? बेशक, नहीं। असल में आपको ऐसा कभी नहीं करना चाहिए। आपको अपने अनुभव किए जाने वाले भावों में से किसी के लिए भी बुरा नहीं मानना चाहिए। ऐसा करना निरर्थक होगा। हालाँकि इसका मतलब यह है कि आप ही अपनी वर्तमान अवस्था के उत्तरदायी हैं, इसलिए आपका ही कर्तव्य बनता है कि आप स्वयं को इससे बाहर निकालें। और यह एक अच्छी खबर है, है न?

आपको डॉ. डेविड के. रेनॉल्ड्स का डिप्रेशन के साथ पहला अनुभव याद होगा? उन्होंने लिखाः

> आप कुर्सी में लुढककर बैठें, कंधे झुके हों और सिर नीचे लटका हो। इन शब्दों को बार–बार दोहराते रहें: 'कोई कुछ नहीं कर

सकता। कोई मदद नहीं कर सकता। यह सब दयनीय है। मैं असहाय हूँ। मैंने हार मानी।' अपना सिर हिलाकर आह भरते हुए रोने लगें। बस आपको डिप्रेशन में होने का अभिनय करना है और कुछ ही देर में आप स्वयं को डिप्रेशनग्रस्त देखेंगे।

–डेविड के. रेनॉल्ड्स, कंस्ट्रक्टिव लिविंग

डेविड के. रेनॉल्ड्स का डिप्रेशन पूरी तरह से उनका अपना बनाया हुआ था। यह एक सक्रिय प्रक्रिया थी, जिसमें एक खास तरह की शारीरिक भंगिमा, निश्चित शब्दों का दोहराव और कुछ खास विचार शामिल थे। उन्हें डिप्रेशन का अनुभव करने के लिए एक निश्चित तरीके से पेश आना पड़ा।

अच्छी खबर है, जैसे आपके पास डिप्रेशन को बनाने की शक्ति है, उसी तरह आपके पास इससे बाहर आने की ताकत भी है। हालाँकि डिप्रेशन जैसी नकारात्मक अवस्था में, नकारात्मक सोच को परे रखकर, उसकी जगह सकारात्मक सोच को शामिल करना चुनौतीपूर्ण हो सकता है। भले ही आप आभार, प्रसन्नता व आनंद आदि की सकारात्मक सोच को अपनाना चाहें, पहले–पहले उन्हें अपनाना कठिन ही लगता है।

परंतु आपको अन्य नकारात्मक भावों का अनुभव भी हो सकता है, जैसे गुस्सा। हो सकता है कि आप पहले अपने गुस्से को नजरअंदाज करें। आपके दोस्त आपको ऐसा करने के लिए प्रोत्साहित कर सकते हैं–वे आपको गुस्से के बजाय डिप्रेशन में और कुंठित देखना पसंद करेंगे। हालाँकि कई बार गुस्सा भी भावात्मक सीढ़ी से ऊपर जाने और डिप्रेशन से उबरने में मदद करता है। ध्यान रहे, डिप्रेशन के अलावा और कोई भी भाव आपको मदद कर सकता है और जब आप अपनी हर तरह की भावात्मक अवस्था को स्वीकार करते हैं, तो इससे आपको और अधिक ऊर्जा मिलती है, और आपको भावात्मक सीढ़ी पर ऊपर जाने के लिए और ताकत मिलती है।

डेविड के. रेनॉल्ड्स का यह भी कहना है कि डिप्रेशन में रहने वाले लोगों में भी भावनाएँ घटती–बढ़ती रहती हैं। वे लिखते हैं, 'गहरे से गहरे

डिप्रेशन में भी कहीं–न–कहीं हल्के मूड की लहरें और तरंगें उठती हैं।' जब भी आप थोड़ा–सा बेहतर महसूस करें, तो उस समय ऐसी कार्यवाही कर सकते हैं, जो आपके लिए लाभदायक साबित हो सकती है।

विकसित होने के लिए डिप्रेशन का प्रयोग कैसे करें

डिप्रेशन एक लक्षण है कि आपका यथार्थ से संपर्क नहीं रहा। क्या आपने कभी ध्यान दिया कि मानव जाति धरती की कुछ उन प्रजातियों में से है, जिनके पास डिप्रेशन में आने की योग्यता है। ऐसा इसलिए है क्योंकि वे ऐसे इकलौते लोग हैं, जो अपने ही मन में गुम रहते हैं, वे नकारात्मक सोच और अशक्त करने वाले विचारों के गुलाम बनकर रह जाते हैं।

डिप्रेशन इस बात का लक्षण है कि आपको अपने मन से दूर होना होगा–आने वाले या बीते हुए कल की चिंताओं के साथ–साथ वर्तमान की व्याख्याओं को भी अपने से दूर करते हुए–वर्तमान क्षणों से दोबारा जुड़ना होगा। यह उस पहचान से अलग होने का शक्तिशाली निमंत्रण हो सकता है, जिससे आप कई वर्षों से चिपके रहे हैं। यही पहचान आपको यह मानने पर विवश करती है कि आपको कुछ निश्चित कार्य करने चाहिए, थोड़ा पैसा कमाना चाहिए, एक निश्चित जीवनशैली बनानी चाहिए और एक निश्चित सामाजिक स्तर बनाना चाहिए।

डिप्रेशन आपको बुलावा देता है कि आप अपने शरीर और भावों से जुड़ें और दिमाग से बाहर निकलें। आपके दिमाग ने ही तो डिप्रेशन को जन्म दिया है। जो लोग दुख, उदासी और पीड़ा का अनुभव करते हैं, वे स्वयं को व्यस्त रखने की कोशिश करते हैं ताकि सोचने से बचा जा सके। जब डिप्रेशन में हों, तो ज्यादा सोचने से कोई हल नहीं मिलता। केवल सोचने से ही डिप्रेशन से छुटकारा नहीं मिलेगा।

आपको केवल सोचने के बजाय अपने शरीर से अपना संपर्क जोड़ना होगा। व्यायाम करने से आपके मूड में अपेक्षित सुधार आ सकता है। इस बारे में अतिरिक्त जानकारी के लिए यह पाठ देखें (व्यायाम के लाभ)।

कुछ दुर्लभ मामलों में, गंभीर डिप्रेशन की वजह से लोग अपने मन से दूर हो जाते हैं। जब ऐसा होता है, तो उनकी कहानी कहीं खो जाती है। एक्हार्ट टोल भी अपनी पुस्तक में ऐसा ही कुछ कहते हैं। उन्हें अचानक ही जागरण का अनुभव हुआ और दिमाग ने काम करना बंद कर दिया। वे अपने अनुभव के बारे में लिखते हैं:

> 'यह वापसी का लक्षण इतना संपूर्ण था कि यह झूठा कष्टदायी अहं झट से गिर गया मानो किसी ने हवा भरे हुए खिलौने का प्लग निकाल दिया हो।'
>
> *–एक्हार्ट टोल*

संक्षेप में, डिप्रेशन आपसे कहता है कि आपको अपने अहं को छोड़कर यथार्थ से जुड़ना है। यह अपको अपने मन से बाहर आने का न्यौता देता है, जो केवल अतीत या भविष्य में घूमता है। उसे वर्तमान क्षण से जुड़ने का न्यौता दें।

हो सकता है कि गंभीर डिप्रेशन के लक्षणों में आपको किसी पेशेवर की मदद लेनी पड़े, पर कम गंभीर डिप्रेशन के लिए इस जगह कुछ ध्यान पद्धतियों के बारे में बताया गया है:

अभ्यास–अपने शरीर और भावों से पुनः जुड़ें

डिप्रेशन से उबरने के लिए, यह बहुत जरूरी है कि आप अपने मन से बाहर हों। डिप्रेशन से बाहर निकलने के लिए 'सोचने' की अपेक्षा 'महसूस' करना अधिक आसान है। मैं तो यही कहना चाहूँगा कि अधिकतर लोग अपना नब्बे प्रतिशत जीवन अपने मन में ही बिता देते हैं। उनके पास अपने जीवन में प्रवाह के बहुत ही कम क्षण आते हैं, जब वे पूरी तरह से सजग और वर्तमान के बीच हों। उदाहरण के लिए, वे लोगों की बातें नहीं सुनते, ऐसा करने के बजाय वे;

- उनकी कही बातों को परख़ते हुए उनकी व्याख्या करते हैं
- स्वयं ही अनुमान लगा लेते हैं कि वे इसके बाद क्या कहने वाले हैं

- अपने ही विचारों में खोए रहते हैं

यह सब मन के स्तर पर होता है और दिखाता है कि किस तरह लोग पूरी तरह से उपस्थित नहीं होते। क्योंकि या तो वे अतीत में जीते हैं या फिर भविष्य में, वे कई तरह के नकारात्मक भावों का अनुभव करते हैं। इस जगह कुछ ऐसी चीजें दी जा रही हैं, जिनसे आप अपने शरीर और भावों से पुनः संपर्क कर सकते हैं:

व्यायामः जैसाकि पहले भी चर्चा की गई, व्यायाम आपके मन को शांत करने और शरीर से संपर्क जोड़ने का बहुत अच्छा साधन है और इसका आपके मूड पर सकारात्मक प्रभाव होता है।

ध्यानः ध्यान एक असरदार तरीका है, जिससे आप मन को निरखते हुए, अपने विचारों से जुड़ाव को कम कर सकते हैं। ध्यान एक साधन है, जो आपको विचारों को निरखते हुए यथार्थ से जुड़ने में सहायक होता है। आप अपने ही मन के जाल में उलझने के बजाय अपने विचारों, भावों और संवेदनाओं को देख पाते हैं।

गतिविधिः व्यस्त होने से आपको आवश्यकता से अधिक सोचने का समय नहीं मिलता। आप निरंतर अपने–आपको नकारात्मक सोच में रखने के बजाय अपना ध्यान कहीं और लगाते हैं।

दूसरों पर फोकस करें: जैसाकि डेल कारनेगी की पुस्तक, *हाउ टू स्टॉप वरिंग एंड लिविंग* में, एल्फ्रेड एडलर, अपने डिप्रेशनग्रस्त रोगियों से कहते हैं, 'अगर आप इस फार्मूले पर चलें, तो आप चौदह दिन में ठीक हो सकते हैं। बस आपको रोज यही काम करना है कि आप किसी एक व्यक्ति को प्रसन्न कर सकें।' चाहे यह सही हो या न हो, दूसरों पर ध्यान केंद्रित करने से आप अपने दुखों को भूलकर, कुछ और सकारात्मक चीजों पर ध्यान केंद्रित कर पाते हैं।

दुर्भाग्य की बात है कि जब आप डिप्रेशन में होते हैं, तो आप इनमें से कुछ भी नहीं करना चाहते। हालाँकि जब आप आगे बढ़ते हैं और स्वयं को व्यस्त रखने लगते हैं, तो आपकी परिस्थिति में सुधार होता है और

तब आपके लिए ऐसा करना और आसान होता जाएगा। आपके लिए यही बेहतर है कि आप एक बार में एक ही कदम उठाएँ।

***

एक्शन स्टेप

वर्कबुक के संबंधित भाग में दिया गया अभ्यास पूरा करें (*भाग–चार, विकसित होने के लिए अपने भावों का प्रयोग कैसे करें–डिप्रेशन*)

अध्याय–सत्ताईस

भय / असुविधा

'जीवन हमेशा आपके आरामदायक घेरे से एक कदम बाहर निकालने पर ही शुरू होता है।'

–शेनॉन एल. एडलर, प्रेरक लेखक

जब भी हम कुछ नया काम करने जाते हैं, तो हमें बेचैनी महसूस होती है। हमें अज्ञात से भय होता है। यही वजह है कि हम अपनी दैनिक दिनचर्या के बीच अपने आरामदायक दायरे को बनाकर रखना चाहते हैं। हमारे दिमाग के दृष्टिकोण से, यह अच्छी तरह समझ आता है। अगर हमारी आदतें हमें सुरक्षित रखती हैं और हमारी उत्तरजीविता के लिए कोई जोखिम नहीं होता या हमारे अहं को चोट नहीं आती, तो उन्हें बदलने की क्यों सोचें? इसी से पता चलता है कि हम वही रूटीन क्यों बनाए रखते हैं या वही विचार बार–बार मन में क्यों आते हैं। इसी वजह से हमारे मन में स्वयं को बदलने की कोशिश के दौरान आंतरिक विरोध पैदा होता है।

इस तरह, जब हम अपने सुविधाजनक दायरे से बाहर आने की कोशिश करते हैं, तो भय और कष्ट का अनुभव होता है। क्या हम यही चाहेंगे कि सदा एक ही जगह रहें, कोई जोखिम न लें या फिर हम अपने सपनों को पूरा करना चाहेंगे और यह देखना चाहेंगे कि हम सही मायनों में क्या

कर सकते हैं। हमें याद रखना होगा कि हमारे अधिकतर भय, हमारी उत्तरजीविता के लिए नहीं, हमारे अहं के लिए खतरा हैं। आमतौर पर ये शारीरिक जोखिम नहीं होते, ये काल्पनिक होते हैं। अगर हम सुरक्षित तरीके से काम करेंगे तो हम जीवन से वंचित रह जाएंगे और बाद में हमें इसका पछतावा हो सकता है।

इस जगह ऐसे कुछ डर बताए जा रहे हैं, जो आपको अनुभव हो सकते हैं:

अस्वीकृति का भयः आप अस्वीकृत होने से डरते हैं। हो सकता है कि किसी खास ग्रुप से नकारे जाने का डर हो, पर आमतौर पर यह सूक्ष्म होता है। जैसे आप निम्नलिखित बातों से डर सकते हैं:

- कोई ऐसी बात कहना जिसे लोग नक़ार दें
- किसी से बाहर चलने को पूछना और इंकार में उत्तर मिलना
- अपना काम दिखाना और आलोचना मिलना

असफलता का भयः आप असफल होने से डरते हैं। आपको अपने अंदर से लगता है कि आप बहुत अच्छे नहीं हैं। आपको डर लगता है कि आपका मजाक उड़ाया जाएगा और आपका मानना है कि असफलता आपका आत्मविश्वास क्षीण कर देगी।

कुछ खोने का भयः इंसान कुछ खोने से भयभीत रहते हैं, यही वजह है कि हम इंसान कुछ पाने के बजाय हानि से बचाव के लिए ज्यादा प्रोत्साहित होते हैं।

लोगों को अशांत करने का भयः आपको लोगों को परेशान करने से डर लगता है। शायद आपको लगता है कि आप इतना महत्व नहीं रखते। परिणामस्वरूप, स्वार्थी प्रतीत होने के डर से आप स्वयं को सकारात्मक रूप से प्रस्तुत करने में अनिच्छुक महसूस करते हैं।

सफलता का भयः आपको सफलता से भय लगता है। आपको चिंता हो सकती है कि आप कंधों पर आए सारे भार के कारण इसे बनाए नहीं रख सकेंगे।

विकसित होने के लिए भय का प्रयोग कैसे करें

कुछ नया करने का डर अक्सर इस बात का संकेत होता है कि आपको आगे बढ़ना चाहिए और उसे कर ही डालना चाहिए। यह निजी विकास एक अवसर कहलाता है। यह किसी भी दूसरे भाव की तरह आपके दिमाग में रहता है। यह वजह है कि कई बार काम पूरा होने पर समझ आता है कि हम कितने मूर्ख थे, जो किसी काम को करने से डर रहे थे।

जो लोग अपने लक्ष्यों को पूरा कर पाते हैं, वे अक्सर इसलिए ऐसा करते हैं क्योंकि वे अपने सुविधाजनक दायरे से बाहर आने को तैयार होते हैं। समय के साथ–साथ वे असुविधा के साथ भी सुविधाजनक होना सीख जाते हैं। जरा सोचें कि ऐसा कौन–सा काम था, जिसे करने से आपको डर लगता था पर अब नहीं लगता। जैसे पहली बार कार चलाते हुए डर लगा होगा या काम के पहले दिन डर लगा होगा। अब आप इसके आदी हो गए हैं।

सच तो यह है कि लोगों में कुछ सीखने की अदम्य क्षमता पाई जाती है। बस आपके अंदर असुविधा का सामना करने का साहस होना चाहिए। जब आप नियमित तौर पर अपने भय का सामना नहीं करते तो आप विकास के लिए अपनी संभावना को सीमित कर देंगे। अपने सुविधाजनक दायरे के अंदर रहने से आपके आत्मसम्मान को ठेस आती है। आपको अपने अंदर से पता होता है कि आप वह नहीं कर रहे, जो आपको करना याहिए।

प्रकृति का एक नियम हैः चीजें या तो विकसित होती हैं या मर जाती हैं। यही इंसानों के लिए भी सच हैं जब इंसान अपने सुविधाजनक दायरे से बाहर नहीं आते तो वे अंदर से मरने लगते हैं। अपने साथ ऐसा नहीं होने दें। जैसाकि बेंजामिन फ्रेंकलिन ने कहा, 'कुछ लोग पच्चीस साल की उम्र तक मर जाते हैं और उन्हें पचहत्तर साल की उम्र तक दफनाया नहीं जाता।' ध्यान रहे कि 'उन कुछ लोगों में' आपका नाम शामिल न हो।

कार्यवाही करना

आपके सुविधाजनक दायरे से बाहर आने का पहला चरण यही होगा कि आपको अहसास हो कि धरती पर सबसे सफल लोगों को भी भय का

अनुभव होता है। साहस का अर्थ है यह समझना कि डर दूर नहीं होने वाला है और फिर भी आप जो करना चाहते हैं, उसे करना। भय के बिना कोई साहस नहीं होता। जब आप नियमित तौर पर भय का सामना करते हैं, तो आपके अंदर साहस आता है और एक आदत में बदल जाता है।

आपको कोई कार्यवाही करने से पहले, भय से दूर होने या खुद को सुन्न करने की जरूरत नहीं है। आपको इस बात को स्वीकार करना होगा कि भय कहीं नहीं जाएगा। आपको इस भय का आदी होना होगा। इसके बाद आपको कार्यवाही करने का निर्णय लेना चाहिए।

अभ्यास–अपने सुविधाजनक दायरे से बाहर निकलें

अपने सुविधाजनक दायरे से बाहर आने की शुरुआत करने के लिए, आप स्वयं से पूछ सकते हैं, 'ऐसा कौन–सा काम है, जो मुझे करना है और मैं डर के मारे उसे टालता आ रहा हूँ?' जब आप एक बार ऐसा काम करेंगे, तो आपको अंदर से गर्व और जीवंत रहने का अनुभव होगा। यह इस बात का लक्षण है कि आप सही राह पर हैं। इसे एक पुरस्कार के तौर पर लें, जो आपके दिमाग ने आपको सुविधाजनक दायरे से बाहर आने के नाम पर दिया है।

***

एक्शन स्टेप

वर्कबुक के संबंधित भाग में ये अभ्यास पूरे करें (*चौथा भागः विकसित होने के लिए अपने भावों का प्रयोग कैसे करें–भय/असुविधा*)

अध्याय–अट्ठाईस

विलंब करना

'आप जिस काम को करने के लिए मरे जा रहे हैं, उसे अगले दिन तक टालने का मतलब होगा कि वह कभी पूरा नहीं हो सकता।'

–पाब्लो पिकासो

देर करना या काम को टालना एक भावात्मक समस्या है। हालाँकि इससे निपटने के लिए असरदार तकनीकें उपलब्ध हैं। अपने भावों का उचित प्रबंधन करना सीखना ही, विलंबित कामों के लिए आपकी प्रवृत्ति से उबरने की कुंजी है।

आप काम को टालते क्यों हैं?

ऐसे कई कारण हैं जिनकी वजह से लोग कामों को टालते हैं, इनमें से कुछ निम्नलिखित हैं:

- काम नीरस है
- काम को महतवपूर्ण नहीं माना जा रहा
- काम को चुनौतीपूर्ण माना गया है
- आपको लगता है कि आपसे अच्छा काम नहीं होगा
- आप आदतन आलसी हैं।

जरा सोचें, अगर किसी काम में बहुत मजा आता, आपके लिए जरूरी होता और इतना आसान होता कि आप आसानी से कर पाते, तो क्या आप उसे करने में देर करते?

मुझे लगता है कि अधिकतर लोग डर की वजह से कामों को टालते हैं। उन्हें डर लगता है कि वे काम को सही तरह से नहीं कर सकेंगे और इसी वजह से वे उसे नहीं करते। हालाँकि वे खुद को यह विश्वास भी दिला सकते हैं कि काम तत्काल नहीं करना या वह जरूरी नहीं है, या फिर वे थके हुए हैं, अक्सर सच यही होता है कि वे डरे हुए होते हैं।

ध्यान दें कि कामों को देर से करने का अर्थ यह नहीं कि आप आलसी हैं या आपमें कोई कमी है। हम सभी कामों को टालते हैं। हालाँकि, अगर आप नियमित तौर से कामों को टालने लगे हैं, तो हो सकता है कि आप आत्मसम्मान की समस्या से जूझ रहे हों या फिर आपमें आत्म–अनुशासन की कमी है।

टालने की आदत का उपयोग आगे बढ़ने के लिए कैसे करें?

हो सकता है कि आप कामों को इसलिए भी टालते हैं क्योंकि आपको लगता है कि आपका मन आपसे जो भी कह रहा है, वही सच है। अपने मन के स्वामी बनने के बजाय आप इसके गुलाम हो जाते हैं। इसके लिए आपको निम्नलिखित कीमत चुकानी पड़ती है:

- मनचाहा जीवन नहीं जी पाते
- अपने सपने पूरे नहीं कर पाते, और
- आपको आत्मसम्मान में कमी, अपराध बोध और अप्रसन्नता का अनुभव होता है।

याद रखें, जब भी आपका मन आपसे कहे, 'तुम थके हुए हो, थोड़ा आराम कर लो' या 'यह काम कल कर लेंगे' तो यह कोई आदेश नहीं है। आपको इसका पालन करने की जरूरत नहीं है। आप अपने भाव नहीं हैं। आप अपना मन भी नहीं हैं। भले ही आपके मन में कोई भी विचार क्यों

न आए, आप इसे स्वीकार करने का चुनाव कर सकते हैं या इसे नकार सकते हैं।

अब मैं आपके साथ सोलह चरणोंवाली प्रक्रिया बाँटना चाहूँगा, जिसके माध्यम से विलंब करने की आदत से छूट सकते हैं। चिंता न करें, यह आरंभ में जितनी कठिन लगेगी, असल में उतनी कठिन नहीं है।

आप सोलह आसान चरणों में विलंब करने की आदत से छुटकारा कैसे पा सकते हैं

1. पहचानें कि विलंब की आदत के पीछे क्या छिपा है

पहला चरण तो यही बात समझने से जुड़ा है कि आप कामों को टालते क्यों हैं। जैसाकि हमने पहले भी चर्चा की, विलंब करने की आदत के पीछे कुछ विशेष कारण होते हैं। अक्सर यह डर ही होता है और आपका मन कहता है कि डर से बचने का यही तरीका है कि काम ही न किया जाए। दूसरे शब्दों में काम को टाला जाए। एक और कारण यह होता है कि काम मुश्किल होता है। आप अपनी पीड़ा को कम–से–कम करते हुए आनंद को कई गुना करना चाहते हैं। आपका दिमाग इसी तरह काम करता है। आप प्रेरणा की कमी होने पर भी काम को टाल सकते हैं। ऐसा तब होता है, जब वह काम आपके बड़े विजन का हिस्सा नहीं होता, वह आपको उत्साहित नहीं कर पाता। अगर आपमें प्रेरणा का अभाव है, तो स्वयं से पूछें कि ऐसा क्यों है। फिर, निम्नलिखित परिस्थितियों पर विचार करें:

- कामों को बाँट दें
- काम को हटा दें
- काम को इस तरह देखें कि वह आपको अपने विजन का हिस्सा लगे, प्रेरित करे
- उसका ढाँचा इस तरह बना लें कि वह आसान लगने लगे; या
- बस काम करना शुरू कर दें।

काम को टालने से जुड़े सभी कारणों को जानने के लिए समय दें। अपने साथ ईमानदारी बरतें।

2. स्वयं को याद दिलाएँ कि काम को टालने की क्या कीमत चुकानी पड़ सकती है

काम को टालना कोई छोटी बात नहीं है और कई बार आपको इसका भारी नुकसान भुगतना होता है।

- सबसे प्रत्यक्ष नतीजा तो यही होगा कि आप इस धरती पर रहते हुए जितना प्राप्त कर सकते थे, उससे बहुत कम प्राप्त कर सकेंगे।
- विलंब करने का अप्रत्यक्ष परिणाम यह होगा कि आपको अपने बारे में बुरा अनुभव हो सकता है। आप स्वयं को दोष दे सकते हैं कि आपको पता है कि क्या करना चाहिए पर फिर भी आप उसे नहीं कर रहे, इस तरह आपके आत्मसम्मान को ठेस लगेगी और अनावश्यक चिंता पैदा होगी।

अभ्यास–विलंब करने की कीमत

अब कागज और पेन लें और लिखें कि विलंब करने की आदत से आपको क्या कीमत चुकानी पड़ सकती है।

इससे आपके मन की शांति पर क्या प्रभाव होगा? आपके आत्मसम्मान पर? आपकी अपने सपनों को प्राप्त करने की योग्यता पर? आप विलंब करने की आदत से जितना परेशान और थका हुआ अनुभव करेंगे, आप इसके बारे में उतनी जल्दी कुछ करना चाहेंगे।

3. अपनी कहानी सामने लाएँ

विलंब की आदत से छुटकारा पाने का तीसरा चरण यह होगा कि आप इसके पीछे की कहानी को जानें। जब आपके मन में काम को टालने की सोच आती है, तो उस समय आप स्वयं से क्या कहते हैं? आपके मन में क्या बात आती है? आप कौन–सा बहाना बनाते हैं? कुछ आम बहाने इस तरह हैंः

- मैं बहुत थका हुआ हूँ
- मैं इसे कल कर लूँगा

- मैं अच्छा काम नहीं कर सकूँगा; या
- यह सच में जरूरी नहीं है

आइए, इनमें से कुछ बहानों पर अभी बात करें:

मैं बहुत थका हुआ हूँ

हालांकि यह सच हो सकता है, लेकिन आपको यह समझना होगा कि आप स्वयं अपना मन नहीं हैं। आपको अपने मन की बात नहीं सुननी। नेवी सील, डेविड गॉगिन्स, चालीस प्रतिशत के नियम का प्रयोग करते हैं। यह नियम कहता है कि जब आपको यह लग रहा होता है कि अब आप और काम नहीं कर सकते, तब भी आप अपने दिमाग की क्षमता का केवल चालीस प्रतिशत ही काम में ला रहे होते हैं। कहना न होगा कि आपके पास ऊर्जा का इतना भंडार है कि आप थकने के बाद भी उससे काम ले सकते हैं। इस तरह, अपने काम के अलावा दो घंटे अतिरिक्त काम करने से आपकी जान नहीं जाने वाली।

मैं अच्छा काम नहीं कर सकूँगा

अगर आपने किसी काम के लिए आज का दिन रखा है, तो इसका मतलब है कि आपको विश्वास है कि आप इसे कर सकते हैं। इस तरह, खराब काम होने का तो विषय ही नहीं है। अगर आपको लगता है कि आज काम करने से खराब काम होगा, तो कल ऐसा क्या हो जाएगा कि आपका काम सही हो जाएगा? तब भी ऐसा ही होगा। यह एक बहाना है, जो आपने खुद को सुनाने के लिए रखा हुआ है।

मैं इसे कल कर लूँगा

कल किसी काम को करना बड़ी बात नहीं होगी। हालाँकि, अगर आप आज के कामों को आज ही पूरा करने के लिए अनुशासित नहीं, तो इस बात की क्या गारंटी है कि आप आने वाले समय में अपना आदर्श जीवन बना लेंगे? याद रखें, अपने सामने दिये गए काम को पूरा करने का अनुशासन ही आपको भावी जीवन गढ़ने की अनुमति देता है। समय, प्रयास और आत्म–अनुशासन ही आपके जीवन में मूल्य रचते हैं।

यह सच में जरूरी नहीं है

भले ही यह बात सच ही क्यों न हो, पर अगर आप कोई काम पूरा नहीं करते, तो इससे लूप खुला रह जाता है। फिर आपके मन में कहीं–न–कहीं बात रह जाती है कि आपको काम पूरा करना है। अगर आप कामों को इसी तरह टालते रहे, तो जल्द ही आपके अंदर प्रेरणा का अभाव हो जाएगा। कहीं–न–कहीं, हो सकता है कि आप कुछ जाने बिना ही उलझा हुआ अनुभव करने लगें।

अभ्यास–अपने बहाने लिखें

आपको जो भी बहाने याद आ रहे हों, उन्हें लिखने से शुरुआत करें। उन्हें लिखें और एक–एक कर हल करें। वे आपको वश में रखते हैं, क्योंकि आप उन्हें ऐसा करने देते हैं। स्वयं को वचन दें कि आप उन्हें हल करेंगे।

4. नए सिरे से अपनी कहानी लिखें

अपने बहानों को गौर से देखें। क्या आप थके हुए हैं? क्या आपके पास समय की कमी है? क्या आप हर काम सही तरह से करना चाहते हैं? अब जबकि आपने अपनी कहानी पहचान ली है, तो अपने पुराने बहानों को नकारने के लिए उतनी ही एक और ताकतवर कहानी तैयार करें। नीचे दिये गए उदाहरण देखें:

- मेरे पास इसके लिए समय नहीं है–मैं जिस काम के लिए वचनबद्ध होता हूँ, उसे पूरा करता हूँ।
- मैं बहुत थका हुआ हूँ–मेरा अपने मन पर नियंत्रण है और मेरे पास अपनी कल्पना से कहीं अधिक ऊर्जा है। जब मैं कोई काम हाथ में लेता हूँ, तो उसे पूरा करता हूँ।

फिर अपनी नई कहानी के साथ कुछ अभिकथन या मंत्र तैयार करें। उन्हें हर सुबह दोहराएँ और पूरे दिन में तब तक दोहराते रहें, जब तक वे आपकी पहचान न हो जाएँ। याद रहे, विलंब करना एक आदत है। आपको अपने मन को रीप्रोग्राम करके, एक नई आदत लागू करनी हैः अपने लिए

तय किये गए कामों पर काम करने की आदत, चाहे आपको पसंद हो या न हो (अधिक जानकारी के लिए, *मन की कंडीशनिंग* भाग देखें)।

5. अपनी 'क्यों' स्पष्ट करें

अक्सर प्रेरणा की कमी से कामों में विलंब होता है। जब आप किसी लक्ष्य के लिए उत्साहित होते हैं, तो आप उससे दूर नहीं भागते। आप उस पर काम करने को बेचैन रहते हैं।

उन कामों की ओर देखें, जिन्हें आप लगातार टालते रहते हैं। ऐसा क्यों है? आप इन्हें अपने विजन का हिस्सा कैसे बना सकते हैं ताकि आप प्रेरित महसूस करें? क्या आप इन कामों को समायोजित कर सकते हैं? क्या आप इन कामों से कुछ सीख सकते हैं? क्या आप स्वयं को पूरे गर्व से इन कामों को पूरा करते देख सकते हैं?

आपके कारण, आपका 'क्यों' जितने मजबूत होंगे, आपके लिए विलंब करने की आदत या प्रवृत्ति को छोड़ना उतना ही आसान होगा।

6. ऐसे तरीके पहचानें, जिनसे आप अपना ध्यान भटकाते हैं

इसके बाद अगला चरण होगा कि आप वे सब तरीके देखें, जिनसे आप अपना ध्यान भटकाते हैं। आपके पास विलंब करने के अपने कौन–से तरीके हैं? क्या सैर पर जाना? यू ट्यूब पर वीडियो देखना? कॉफी पीना? या फिर विलंब की आदत दूर करने से जुड़ी पुस्तकें पढ़ना।

जब तक आप अपने जीवन में विलंब करने के सभी तरीकों से अवगत नहीं होते, तब तक आपको इनसे उबरने में परेशानी होगी।

अभ्यास–उन सभी तरीकों की सूची तैयार करें, जिनसे आप विलंब करते हैं।

दो मिनट निकालकर वे सब तरीके लिखें, जिनसे आप विलंब करते हैं, इसके लिए निःशुल्क वर्कबुक का प्रयोग करें।

7. इच्छा बनाए रखें

जब आपके अंदर ध्यान भटकाने की इच्छा पैदा हो, तो उस भाव के साथ रहें। आप कैसा अनुभव करते हैं? स्वयं को उसके साथ रहने की अनुमति

दें। अपनी परख न करें। स्वयं को दोष न दें। जो है, उसे स्वीकारें। जब आप ऐसा करते हैं, तो अपने मन को बस में कर सकते हैं (अधिक जानकारी के लिए *अपने भावों से मुक्त हों* वाला अध्याय देखें)।

8. जो भी करें, उसे कहीं लिख लें

अपनी उत्पादकता का पता लगाने और विलंब करने के तरीकों को जानने के लिए, हर चीज नोटबुक में लिख लें। एक सप्ताह तक ऐसा करें। हर बार, जब भी एक से दूसरी गतिविधि पर जाना हो, तो उसे कहीं लिखें। यह ध्यान रहे कि आप हर काम में बीता हुआ समय भी लिखें।

सप्ताह के अंत तक, आप जान जाएँगे कि आपने असली काम करने को कितना समय दिया और कितना समय ध्यान भटकाने में लगाया। सावधान रहें, आपको सदमा लग सकता है।

9. अपने किए जाने वाले हर काम की स्पष्ट मंशा तय करें

किसी भी काम से पहले, यह देखें कि क्या किया जाना जरूरी है। स्वयं से पूछें, मैं क्या पाने की कोशिश कर रहा हूँ? इसका परिणाम क्या होगा? इस तरह, आपका मन बहाने बनाने से बचेगा।

10. अपना वातावरण तैयार करें

आपका मन मुश्किल कामों को पसंद नहीं करता। इसे आसान काम पसंद हैं। इस तरह, आपको अपने काम में आने वाली परेशानी उसी समय दूर करनी चाहिए, जैसे:

- अगर आप दौड़ना चाहें, तो पलंग के पास जूते तैयार हों ताकि आप उठते ही दौड़ लगाने जा सकें, बस पहले वार्म–अप करना याद रखें।
- कंप्यूटर से जुड़े कामों के लिए, मेज से सारी बाधाओं को हटा दें और यह देखें कि काम की सारी फाइलें आपके पास ही उपलब्ध हों।

11. छोटे काम से हो शुरुआत

अपने पर बहुत सारा दबाव डालने के बजाय, छोटे काम से शुरुआत क्यों न हो। अपनी पांडुलिपि के दो पन्ने लिखने के बजाय आप एक पैराग्राफ भी लिख सकते हैं। एक घंटे तक व्यायाम करने के बजाय दस मिनट से शुरू कर सकते हैं। कामों को छोटा बनाने से विलंब करने की आदत से छुटकारा होगा। इतना ही नहीं, इस तरह आपको गति बनाने में मदद मिलेगी। जब भी आपके पास विकल्प हो, तो दबाव घटाने के लिए छोटे कामों से शुरू करें।

12. तत्काल जीत हासिल करें

हर रोज बड़े और लंबे काम करने से आपकी प्रेरणा खत्म हो सकती है। अपने कामों के हिस्से करें और कोई हिस्सा पूरा होने पर उसकी जीत का जश्न मनाएँ। ऐसे लक्ष्य बना लें, जिन्हें जल्दी पूरा किया जा सके। इस तरहः

- आदत बनानी होगी कि जो भी काम करेंगे, उसे अवश्य पूरा करेंगे
- छोटी जीत हासिल करते हुए आत्मसम्मान में बढ़ोतरी करें
- विलंब करने की आदत को कम करें

हर दिन छोटे लक्ष्य बनाकर उन्हें पूरा करने का सिलसिला कुछ सप्ताह तक जारी रहने दें। इस तरह आपका आत्मसम्मान बढ़ेगा और आप आने वाले समय में चुनौतीपूर्ण काम कर सकेंगे। याद रहे, काम पूरे करना एक आदत है और किसी भी आदत की तरह, इसे अभ्यास से सीख सकते हैं।

13. बस काम शुरू करें

अक्सर जब आप कोई काम शुरू करते हैं, तो आपके प्रवाह में आने के बाद काम करना आसान हो जाता है। इन मामलों में आप काम पर इतने केंद्रित होते हैं कि प्रेरणा का सवाल ही नहीं रह जाता।

प्रवाह की अवस्था में आने का सबसे बेहतर तरीका यही है कि आप काम

शुरू करें। काम को आसान बनाने के लिए किसी काम पर दस मिनट काम करने का निर्णय लें और देखें कि क्या होता है। अच्छे प्रदर्शन का दबाव और इच्छा हटा दें और खुद को खराब काम करने की अनुमति दें। आप देखेंगे कि आपने तयशुदा समय से अधिक समय तक काम किया है। यह भी देखें कि आपका काम जितना ध्यान चाहेगा, आपके लिए प्रवाह में आना उतना आसान होगा।

इसके अलावा, आप चाहें तो मेल रॉबिंस की ओर से दिया गया द *फाइव सेकेंड रूल* भी आजमा सकते हैं, जो उन्होंने अपनी पुस्तक द *फाइव सेकेंड रूल* में दिया है। यह नियम कहता है कि आपके पास कोई कार्यवाही करने के लिए पाँच सेकेंड का समय होता है। इसके बाद आपका मन आपको उससे परे कर देता है। इसी पुस्तक के *कंडीशनिंग द माइंड* में इसके बारे में विस्तार से जानें।

14. स्वयं को सहारा देने के लिए दैनिक आदतें तैयार करें

अगर आप जरूरी कामों को करना टालते रहे हों, तो सबसे पहले सुबह उनपर ही काम करें। अगर आप कुछ लिखना चाहें, तो सुबह उठते ही लिखें। शुरुआत छोटी हो। पूरे दिन में पचास शब्द लिखने का लक्ष्य लें, पर उसे अवश्य पूरा करें। जब आप इसी दिनचर्या पर होंगे, तो आपके लेखन की आदत विकसित होगी और विलंब करने की आदत छूटेगी।

15. मानसिक चित्रण का प्रयोग करें

आप चाहें तो विलंब की आदत से छुटकारा पाने के लिए मानसिक चित्रण का प्रयोग कर सकते हैं। इस जगह ऐसा करने के दो उपाय दिए जा रहे हैं:

1. स्वयं को काम करते हुए देखें: देखें कि आप कंप्यूटर शुरू कर रहे हैं, फाइल खोलकर लिख रहे हैं। कल्पना करें कि आप जूते पहनकर दौड़ने जा रहे हैं। इस तरह का मानसिक चित्रण आपके लिए काम करना आसान करेगा। इसे आजमा कर देखें।

2. कल्पना करें कि आपने काम पूरा कर दिया हैः काम पूरा होने पर कैसा अनुभव होता? प्रसन्नता, आजादी और गर्वीला भाव। अब ठीक वैसा ही अनुभव करें। ऐसा करने से आपको दिये गए काम को पूरा करने का प्रोत्साहन मिलेगा।

16. उत्तरदायित्व तैयार करें

अगर आपको काम पूरा करने में परेशानी हो, तो थोड़ा उत्तरदायित्व बनाना होगा। जब मैं विलंब करने लगता हूँ, तो एक दोस्त को मैसेज कर देता हूँ कि मैं अमुक काम को अमुक तारीख तक पूरा कर दूँगा।

उत्तरदायित्व बनाने का एक और तरीका यह होगा कि आपके पास एक उत्तरदायी साथी होना चाहिए, जिससे आपका नियमित संप्रेषण होता रहे। आप चाहें तो सप्ताह में एक बार बात करें और अपने लक्ष्यों की सूची बाँटें। आप चाहें तो कुछ जरूरी काम चुनकर उनके लिए डेडलाइन तैयार करें। इसके बाद अपने उत्तरदायी साथी को मेल करके बता सकते हैं कि आप अपना काम कब तक पूरा करेंगे।

अगर आप इस सोलह चरणवाली प्रक्रिया का प्रयोग करते हैं, तो विलंब करने की आदत से छूटेंगे या कम–से–कम उस आदत को कम कर सकेंगे।

***

एक्शन स्टेप

वर्कबुक में, दिये गए भाग पर काम करते हुए इस सोलह चरणवाली प्रक्रिया को पूरा करें (*भाग–चार, विकसित होने के लिए भावों का प्रयोग कैसे करें–विलंब की आदत*)

अध्याय–उनतीस

प्रेरणा का अभाव

'लोग प्रायः कहते हैं कि प्रेरणा सदा नहीं रहती। वैसे एक बार नहाकर भी तो काम नहीं चलता–तभी तो हम इसे रोज करने का सुझाव देते हैं।'

–जिग जिगलर, सेल्समैन और प्रेरक वक्ता

प्रेरणा का अभाव इस बात का संकेत है कि आपके पास काम को आगे ले जाने के लिए कोई विजन नहीं है। जिनके पास एक विजन होता है उनके पास कभी प्रेरणा की कमी नहीं होती। भले ही असफलता सामने आए, वे कुंठित हों या डिप्रेशन में हों, वे दोबारा अपना विजन याद करके, काम पर वापिस आ जाते हैं।

प्रेरणा का अभाव इस बात का भी सूचक है कि आप अपने 'परमानंद का अनुसरण' नहीं कर रहे। इससे पता चलता है कि आप जो हैं और आप जो कर रहे हैं, उसके बीच कोई तालमेल नहीं है।

मैंने कभी किसी नोबल पुरस्कार विजेता को समय से पहले केवल इसलिए रिटायर होते नहीं सुना कि वह बोर हो रहा था। असल में, उनमें से अधिकतर लोग मरते दम तक अपना काम करते रहेंगे। ऐसा इसलिए है, क्योंकि उनके पास एक स्पष्ट उद्देश्य है। इसी तरह, मैंने कभी ऐसे

अरबपति नहीं देखे, जो किसी द्वीप पर विश्राम करने के लिए अपनी कंपनियों को बेच दें। हो सकता है कि उन्होंने कोशिश की हो, पर उन्हें जल्द ही अहसास हो जाता होगा कि उनका जीवन कितना नीरस हो रहा था।

असल बात यह है कि आपके अंदर अपनी मर्जी से प्रेरणा की कमी नहीं होती, बस आप वह नहीं कर रहे, जो आपको करना चाहिए। आपने अपना पर्याप्त विस्तार नहीं किया और ऐसा विजन नहीं बनाया, जो आपको प्रेरित कर सके। शायद, आप किसी ऐसे काम में उलझ गए हैं, जिसकी नीरसता आपको रुला देती है। या फिर आप केवल पैसा कमाने या माता–पिता की इच्छा पूरी करने के लिए अपनी नौकरी कर रहे हैं। इसमें कोई आश्चर्य नहीं कि आपके अंदर प्रेरणा का अभाव है। सौभाग्य से, आप चाहें तो अपनी प्रेरणा वापिस ले सकते हैं।

विकसित होने के लिए प्रेरणा का प्रयोग कैसे हो

प्रेरणा या प्रोत्साहन का अभाव कहता है कि आपको ऐसा जीवन रचना होगा, जो आपके अनुकूल हो। इसके लिए आपको अपनी ताकत, कमियों, ख़ूबियों और प्राथमिकताओं की जानकारी होनी चाहिए, इसके साथ ही यह ध्यान रहे कि आप प्रतिदिन उनसे पूरा लाभ पा सकें।

अपनी ताकतें पहचानें

जब आपका अधिकतर दिन ऐसे कामों में बीतता है, जो आपके पसंद के नहीं तो आप कैसा महसूस करते हैं? शायद बहुत प्रेरित नहीं होते। बड़े खेद से कहना पड़ता है कि अधिकतर लोग ऐसे कामों में लगे रहते हैं, जो उन्हें प्रेरित नहीं करते और वे यही सोचते रहते हैं कि क्या उनकी किस्मत में यही लिखा है कि वे आने वाले चालीस वर्षों के दौरान भी इसी तरह कष्ट उठाते रहें। मेरे पास इस बात का प्रत्यक्ष अनुभव रहा है कि अपना मनपसंद काम करने या नापसंद काम के बीच उलझने में क्या अंतर होता है। मैं गवाही दे सकता हूँ कि जब आप पसंद का सही काम करते हैं, तो आपको जो प्रेरणा और ऊर्जा महसूस होती है, वह अपने–आप में असाधारण कही जा सकती है।

क्या आपने ध्यान दिया कि आप जिन कामों में निपुण होते हैं, उन्हें ही करना पसंद करते हैं। हो सकता है कि आपको काम में इतना आनंद न आता हो, पर सकारात्मक फीडबैक मिलने से आपके अंदर गर्व का भाव आता है और आप अपने बारे में बेहतर अनुभव करते हैं। अगर आपको लगातार याद दिलाया जाता कि आप कितना बेकार काम कर रहे हैं, तो क्या आपको फिर भी वह काम पसंद आता?

असल में, कुछ काम ऐसे होते हैं, जिनमें आपको निपुणता हासिल है और कुछ काम करने में आपको आनंद आता है। जब आप पहचान लेते हैं कि आप कौन–से कामों में अच्छे हैं और आप उनपर मनचाहा समय बिताते हैं, तो आप और अधिक प्रेरित होंगे। हो सकता है कि आपको कुछ ऐसे कामों में भी आनंद आने लगे, जिनके बारे में आपने कभी कल्पना तक न की हो, सिर्फ इसलिए की आप उनमें अच्छे हैं।

अगर आप अपनी ताकतों पर केंद्रित होना चाहें, तो आपको फिर से अपने काम को संवारना होगा या उसी कंपनी में दूसरा पद भी ले सकते हैं। अगर ऐसा नहीं हो सकता, तो अपना करियर बदल सकते हैं। याद रखें, अगर दिन का एक–एक सेकेंड संघर्ष लगता है, तो हो सकता है कि आप वह न कर रहे हों, जो आपको करना चाहिए। आपके पास अपनी ताकतें हैं और आपको ही उन्हें खोजना होगा।

अपने व्यक्तित्व को जानें

यह पिछले बिंदु से ही जुड़ा है, क्योंकि आपका व्यक्तित्व ही आंशिक तौर पर तय करता है कि आप किस काम में अच्छे हैं। उदाहरण के लिए, अगर आप स्वभाव से अंतमुर्खी हैं, तो हो सकता है कि शायद आपको करियर के कुछ अलग चुनाव करने चाहिए थे। हो सकता है कि आप कुछ समय अकेले बिताना चाहें या फिर ऐसे काम न करें, जिनमें बहुत सारे ग्राहकों से मिलना होता है। हो सकता है कि आपको शांत वातावरण में काम करना ज्यादा अच्छा लगता हो।

आपके सार मूल्य ही आपकी प्रेरणा के स्तर को प्रभावित करेंगे। शायद, आपके लिए आजादी बहुत मायने रखती है। अगर ऐसा है, तो आपके

लिए सुबह से शाम की नौकरी के बजाय कोई अपना काम करना बेहतर होगा। या फिर आपको नयापन पसंद हो और आप लगातार कुछ सीखना चाहते हों। अगर ऐसा है, तो शायद दोहराव वाली नौकरी से जुड़ना आपको नहीं भाएगा।

यह जानें कि आप किससे प्रेरित होते हैं

कई बार आपको प्रेरणा का अभाव महसूस होता है, क्योंकि आप किसी लक्ष्य को ऐसे तय कर लेते हैं, जो आपको प्रेरित नहीं करता। हालाँकि चाहे आप उस लक्ष्य को दिल से चाहते हों, पर शायद आपने उसे जिस तरह रचा है, वही आपको प्रेरित नहीं कर पा रहा।

मान लेते हैं कि आप अपना वजन कम करना चाहते हैं। अगर आपके लक्ष्य से कोई भी भावात्मक स्तर नहीं जुड़ा, तो ऐसे में आप प्रेरित महसूस नहीं करेंगे, और आपको अपना लक्ष्य पाने में मुश्किल होगी। इस तरह, आपका काम यही होगा कि आप पता करें कि वजन कम करने से क्या लाभ होगा। स्वयं से पूछें कि आप यह काम क्यों करना चाहते हैं। स्वयं से तब तक लगातार पूछते रहें, जब तक कोई ऐसा कारण नहीं मिलता जो भावात्मक रूप से आपसे तालमेल रखता हो। याद रहे, आप केवल इसलिए वजन कम नहीं करना चाहते होंगे कि यही करना सही होगा। आप वजन इसलिए कम करना चाहते हैं, क्योंकि आप एक खास तरह से दिखना चाहते हैं। आपने वजन कम करने को यही अर्थ दिया है और अगर सफल होना है, तो आपको इसी रूप में लेना होगा।

अब आप स्वयं से पूछ सकते हैं कि आप वजन कम क्यों नहीं करना चाहते। हो सकता है कि आपको इससे ऐसे कारण पता लगाने में मदद मिले कि आपको वजन कम करने में परेशानी क्यों हो रही है। अगर आप केवल इसलिए ज्यादा खाते हैं कि ऐसा करने से आपको अच्छा लगता है, तो आपको स्वयं से पूछना होगा कि ऐसा क्यों है? क्या यह एक आदत है? ऐसा इसलिए तो नहीं कि आप तनावग्रस्त हैं? क्या यह कहीं आपके वातावरण की वजह से तो नहीं? क्या यह किसी चीज से भागने की कोशिश तो नहीं?

आप कोई काम क्यों कर रहे हैं, यह जानना जरूरी है। एक बार जब आपके पास एक मजबूत 'क्यों' होगी तो कौन जाने, आप क्या–क्या हासिल कर सकते हैं?

प्रेरणा आती–जाती रहती है

इस जगह यह भी बताना होगा कि आपको हर समय प्रेरित रहने की आवश्यकता नहीं है। प्रेरणा आती–जाती रहेगी। जब आप प्रेरित न हों, तो उस समय निराश न हों। जब आप प्रेरित हों, उस समय कदम उठाना ज्यादा मायने रखता हैः

- एक ऐसा सिस्टम तैयार करें, जिसमें आप अपने लक्ष्यों के अनुसार चल सकें।
- जब भी मन न चाहे, तो काम करने के लिए आत्म–अनुशासन की सहायता लें, और
- जीवन में घटने वाली हर बुरी चीज का दोष अपने सिर लेने के बजाय आत्म–करुणा और प्रेम से काम लें।

सब कुछ सिस्टम में लाने का मतलब होगा कि आपके पास एक ऐसी दैनिक दिनचर्या हो, जो आपको लक्ष्य की ओर ले जाने में सहायता करे। उदाहरण के लिए, हो सकता है कि आप सुबह उठते ही, किसी एक खास मेज पर बैठकर निश्चित समय के लिए काम करना चाहते हों।

रोज ऐसा करने से आपके अंदर आत्म–अनुशासन पैदा होगा। एक दूसरा तरीका यह हो सकता है कि आप छोटे लक्ष्य चुनें और उन्हें रोज पूरा करें। आत्म–करुणा का अर्थ होगा कि आप स्वयं को नीचा दिखाने के बजाय प्रोत्साहित करेंगे।

कहीं उलझन अनुभव करना

यह भी हो सकता है कि आप खुद को कहीं उलझा या फँसा अनुभव करें। कोई काम करने की प्रेरणा न आए या फिर आप इतने बेचैन हों कि आपको कारण भी पता न चले। ऐसा अक्सर जीवन में बहुत सारे

खुले हुए लूप्स के कारण होता है या फिर किसी बड़े काम को टालने की वजह से भी ऐसा अनुभव होता है। आइए, देखें कि आपको इस मुश्किल से कैसे बाहर आना होगा।

खुद को उलझन से बाहर लाने के लिए तीन चरणवाली प्रक्रिया अपना कर देखें:

जब भी खुद को ऐसी परिस्थिति में पाएँ, तो तीन चरणवाली प्रक्रिया पर काम करें।

1. उन सभी कामों की सूची तैयार करें, जिन पर काम होना है।
2. ऐसा कोई काम पहचानें, जिसे आप लगातार टालते आ रहे हों।
3. उस काम को पूरा करें।

अक्सर कोई–न–कोई काम ऐसा होता है, जिसे आप अक्सर टालते हैं। हो सकता है कि वह इतना मुश्किल न हो, जितना आपको लग रहा था। हो सकता है कि उसे पूरा करने के बाद मन को इतना अच्छा लगे कि आप उसके जैसे और काम करना चाहें। नतीजन आपकी गति बनेगी और आप खुद को उलझन और फँसा हुआ अनुभव करने की मनोदशा से बाहर ला सकेंगे। अगर आप किसी एक खास काम पर केंद्रित नहीं हो पा रहे, तो उससे कम मुश्किल काम करें। इस तरह आपको काम में गतिशीलता लाने में मदद मिलेगी।

खुले हुए लूप्स या सिरों को बंद करना

अगर आपने बहुत सारे कामों को टाल रखा है या अधूरा छोड़ा हुआ है, तो आप ऐसा कर सकते हैं:

1. उन सभी कामों या परियोजनाओं की सूची तैयार करें, जिन्हें आप पूरा करना चाहेंगे।
2. उन्हें पूरा करने के लिए थोड़ा अलग समय निकालें। शायद कुछ घंटों के अंदर आप अपने बहुत सारे काम पूरे कर सकते हैं। या फिर शायद ज्यादा समय चाहिए होगा। अगर ऐसा है, तो ज्यादा समय लें।

3. अगले कुछ सप्ताह में बड़ी परियोजनाओं को पूरा करने के लिए, एक समय पर एक ही परियोजना पर ध्यान दें।
4. कुछ काम दूसरों के साथ बाँट लें, नए सिरे से व्यवस्थित करें या उन्हें छोड़ दें।

***

एक्शन स्टेप

वर्कबुक में दिये गए भाग में इसके अभ्यास पूरे करें

(चौथा भागः *विकसित होने के लिए भावों का प्रयोग कैसे करें–प्रेरणा का अभाव*)

निष्कर्ष

इस पुस्तक को खरीदने के लिए आपका धन्यवाद। मैं यही आशा करता हूँ कि यह आपको अपने भावों को समझने में मदद करते हुए ऐसे साधन प्रदान करेगी, जिनसे आप उन्हें बेहतर नियंत्रित कर सकेंगे। याद रहे, आपके भावों की गुणवत्ता ही आपके जीवन की गुणवत्ता को नियत करती है। इस तरह, अपने–आपको और अपने वातावरण को बदलना सीखने से आपको और अधिक सकारात्मक भावों का अनुभव होगा, जो आपके लिए अच्छे हैं।

आइए, इसका सामना करें। आप आजीवन नकारात्मक भावों को अनुभव करते रहेंगे, पर उम्मीद करता हूँ कि हर बार आप स्वयं को याद दिलाते रहेंगे कि आपके भाव आप नहीं हैं और आप उन्हें उसी तरह स्वीकार करना सीख लेंगे, जैसे वे हैं और फिर उन्हें छोड़ सकेंगे। आप उदास, परेशान, ईर्ष्यालु या गुस्से में नहीं हैं; सब उन भावों के साक्षी हैं। आप वही हैं, जो उन अस्थायी भावों के जाने के बाद बचेंगे।

आपके भाव आपका मार्गदर्शन करने के लिए हैं। इनसे जितना हो सके, उतना सीखें और फिर उन्हें जाने दें। उनसे इस तरह न चिपकें मानो आपका पूरा अस्तित्व ही उनपर टिका हो। उनके साथ इस तरह अपनी पहचान न जोड़ें मानो वे आपको परिभाषित करते हों। वे ऐसा नहीं करते। अपने भावों को विकसित होने के लिए इस्तेमाल करें और याद रखें कि आप अपने भावों से परे हैं। आप ऐसे क्यों नहीं हो सकते? वे तो आते–जाते रहेंगे, पर आप हमेशा रहेंगे। हमेशा!

स्टेप–बाइ–स्टेप
वर्कबुक

भाग–एकः भाव क्या हैं

1 नकारात्मकता के विरुद्ध पक्षपात

जीवन बचाव प्रणाली से निकले काल्पनिक जोखिम का एक उदाहरण खोजें। क्या आप देख सकते हैं कि आपका मन कैसे काम करता है? अपने उदाहरण को नीचे लिख सकते हैं:

2. प्रसन्नता

उन चीजों को पहचानें, जिनसे आपको डोपामीन मिलता है (टीवी, वीडियो गेम, जुआ और सोशल मीडिया आदि) उन्हें नीचे लिखें:

–

–

–

–

–

इनमें से कौन–सी चीज आपकी लत बन गई है? अगर आपको ब्रेक लेना पड़े, तो कौन–सी गतिविधि के लिए आपकी तड़प बनी रहेगी? उसे भी नीचे लिखें:

3. अहं की प्रकृति

उन बातों के बारे में लिखें, जिनसे आप अपनी पहचान जोड़ पाते हैं (आपका शरीर, संबंध, देश, धर्म और कार आदि)

–

–

–

–

–

–

–

–

0 से 10 के पैमाने पर देखें कि निम्नलिखित कथन कितने सत्य हैं?

मेरा अहं?

0————————————————————————10

मेरा अहं तुलना सह सकता है।

0————————————————————————10

मेरा अहं कभी संतुष्ट नहीं होता।

0————————————————————————10

मेरे अहं को स्वयं का मान देने के लिए दूसरों की स्वीकृति चाहिए।

0————————————————————————10

मैं स्मार्ट या मशहूर लोगों से जुड़कर अपना मोल बढ़ाने की कोशिश करता हूँ।

0————————————————————————10

मुझे गप्पबाजी करना पसंद है।

0————————————————————————10

मैं हीनभावना से ग्रस्त हूँ।

0————————————————————————10

मेरे अंदर श्रेष्ठता कांप्लेक्स है।

0————————————————————————10

मैं प्रसिद्धि चाहता हूँ।

0————————————————————————10

मैं हमेशा सही होने की कोशिश में रहता हूँ।

0————————————————————————10

मैं अक्सर शिकायतें करता हूँ।

0————————————————————————10

मैं दूसरों का ध्यान, प्रशंसा या सराहना चाहता हूँ।

0————————————————————————10

आपका अहं आपके भाव को कैसे प्रभावित करता है। इनमें से कुछ ऐसे तरीके लिखें, जो नकारात्मक भाव पैदा करते हों। सटीक शब्दों में बात कहें:

आप इसके बारे में क्या कर सकते थे?

4. भावों की प्रकृति

भावों की प्रकृति को समझने में सहायता पाने के लिए, हम इस भाग में केवल एक ही भाव पर ध्यान देंगे:

कुछ मिनट का समय निकालकर नीचे दिये गए दस चरणों का मानसिक चित्रण करते हुए अपने मन में देखें। अगर अच्छा लगे, तो अपनी आँखें बंद कर लें।

पहला स्टेप–कोई ऐसा नकारात्मक भाव चुनें, जो आपने हाल ही में अनुभव किया हो।

मेरा नकारात्मक भाव:

दूसरा स्टेप–यह मानें कि भाव बुरा नहीं है। यह देखें कि यह किस तरह आता–जाता है। यह आप नहीं हैं।

तीसरा स्टेप–उस भाव को याद रखें और देखें कि यह असल में आपके व्यक्तित्व में कहीं नहीं है।

चौथा स्टेप–स्वयं से पूछें कि आप उस भाव से क्या सीख सकते हैं। यह आपको क्या कहना चाहता है और आप कैसे इसे अपने विकास के लिए प्रयुक्त कर सकते हैं?

पाँचवाँ स्टेप–यह देखें कि किस तरह यह नकारात्मक भाव आपके सारे अनुभवों को खराब कर रहा है और शायद आपको यह यकीन भी दिलाना चाहता है कि आप इससे कभी बाहर नहीं आ सकेंगे।

छठा स्टेप–याद रखें कि आपको किस तरह इससे अपनी पहचान जोड़ने की जरूरत महसूस होती है और आप इसकी कहानी से खुद को जोड़ना चाहते हैं। इस बारे में सोचें कि आप स्वयं को इससे विमुख भी कर सकते हैं।

सातवाँ स्टेप–याद रखें कि यह भाव किस तरह आपके बोध और संभावनाओं को सीमित कर रहा है।

आठवाँ स्टेप–यह देखें कि आप किस तरह और अधिक नकारात्मक भावों को आकर्षित कर रहे थे।

नवाँ स्टेप–यह देखें कि आपने किस तरह उस नकारात्मक भाव के साथ अपनी परख को शामिल करते हुए अपने लिए कितना मानसिक कष्ट संजो लिया।

दसवाँ स्टेप–अंत में, इस बात का अहसास हो कि ये नकारात्मक भाव केवल आपके मन में हैं और आपके यथार्थ में कहीं कोई समस्या नहीं है।

भाग–दोः ऐसा क्या है जो आपके भावों को प्रभावित करता है

आप चाहें तो अपने भावों को अलग–अलग तरीकों से बदल सकते हैं। आप अपने भावों को सकारात्मक रूप से प्रभावित करने के लिए क्या करना चाहेंगे?

1. आप अपने शरीर का प्रयोग कैसे करेंगे?

आप किस तरह का व्यायाम करेंगे? क्या आप पावर पोस्चर का प्रयोग करने के लिए यू ट्यूब पर टैड *टॉक* एमी कडी से सुझाव ले सकते हैं।

2. आप अपने विचारों का कैसे प्रयोग करेंगे? क्या आप ध्यान करेंगे, सकारात्मक अभिकथन का प्रयोग करेंगे या फिर मानसिक चित्रण करेंगे?

उदाहरणः

- मैं हर सुबह पाँच मिनट तक अपने लक्ष्य का मानसिक चित्रण करूँगा ताकि स्वयं को यह अहसास दिलाया जा सके कि मैंने इसे पहले ही प्राप्त कर लिया है।
- मैं अगले तीस दिन तक सुबह उठते ही, रोज पाँच मिनट तक ध्यान का अभ्यास करूँगा।
- मैं यह अभिकथन प्रतिदिन सुबह पाँच मिनट तक दोहराऊँगाः 'मुझे आत्मविश्वासी होना पसंद है।'

3. आप अपनी नींद में सुधार कैसे करेंगे?

उदाहरण:

- मैं रात को सोने से पहले ध्यान का अभ्यास करूँगा।
- मैं शाम के लिए दस मिनट का समय रखूँगा, जिसमें आभार का अभ्यास, स्ट्रेचिंग व्यायाम और ध्यान शामिल होगा।

4. आप श्वसन का प्रयोग कैसे करेंगे?

उदाहरण:

- जब भी मन में नकारात्मक भाव होंगे, तो मैं कुछ मिनट तक धीमी गति से साँस लूँगा।

5. वातावरण में सुधार करने से आप अपने भावों में कैसे सुधार कर सकते हैं?

उदाहरण:

- मैं प्रतिदिन पंद्रह मिनट तक प्रेरणादायक पुस्तकें पढ़ूँगा और टीवी देखने का समय कम कर दूँगा।
- मैं नकारात्मक सोच वाले मित्रों के साथ कम रहूँगा।
- मैं अगले तीस दिन तक, प्रतिदिन सोशल मीडिया पर केवल पंद्रह मिनट ही रहूँगा।

6. आप संगीत की मदद से अपने मूड में कैसे सुधार करेंगे?

उदाहरणः

- मैं हर सुबह अपने आभार से जुड़े अभ्यास करते हुए आभार गीत सुनूँगा।
- मैं ऐसे प्रेरक वीडियो चुनूँगा, जो मेरे मन को हल्का करने में मदद करेंगे और अपने शरीर की भावात्मक अवस्था बदलने के लिए नृत्य करूँगा।
- मैं शास्त्रीय संगीत सुनूँगा या फिर ऐसा संगीत, जो मुझे काम पर केंद्रित होने में मदद कर सके।

भाग–तीनः आप अपने भाव कैसे बदल सकते हैं

भाव कैसे बनते हैं?

भाव निम्नलिखित प्रकार से बनते हैं:

- व्याख्या + पहचान + दोहराव = मजबूत भाव
- व्याख्याः जब आप किसी घटना या विचार की व्याख्या अपनी निजी कहानी के अनुसार करते हैं।
- पहचानः जब आप किसी विचार के उठते ही उससे अपनी पहचान कायम करते हैं।
- दोहरावः एक से विचारों का बार–बार आना
- मजबूत भावः जब आप किसी भाव को इतनी बार अनुभव करते हैं कि वह आपकी पहचान बन जाता है। फिर आप उससे जुड़े विचार या उसे ट्रिगर करने वाली घटना के सामने आते ही उस भाव को अनुभव करने लगते हैं।

पिछली घटनाओं में बार–बार लौटना

नकारात्मक भावों का अनुभव करते हुए किसी पुरानी घटना को याद करना। यह वह आखिरी बार हो सकती है, जब आप डिप्रेशन में या उदास थे। आप गुस्से में थे या आप स्वयं को अधूरा और नाकाफी समझ रहे थे।

अब यह लिखें कि इनमें से प्रत्येक स्थिति में क्या होता है:

- व्याख्या: कौन–सी घटनाएँ घटीं और कौन–से विचार पैदा हुए?

- पहचान: आपने उन विचारों के लिए क्या प्रत्युत्तर दिया?

- दोहराव: क्या आपने इन विचारों से बार–बार पहचान क़ायम की?

अपनी कहानी बदलना

निम्नलिखित प्रश्नों के उत्तर देते हुए अपनी कहानी का विश्लेषण करें:

- कोई एक या दो भावात्मक विषय, जो इस समय आपके जीवन में हैं। स्वयं से पूछें, 'वे कौन–से भाव हैं, अगर उनसे छुटकारा पा लेता, तो वे मेरे जीवन पर सबसे अधिक सकारात्मक प्रभाव रखते?'

- उन विषयों के लिए आपकी व्याख्या। स्वयं से पूछें, 'मेरी कहानी को सच मानने के लिए क्या विश्वास करना होगा?'

- अब कुछ नए सशक्त अर्थ, जो आपको इन विषयों से निपटने में सहायक होंगे। स्वयं से पूछें, 'ऐसे नकारात्मक भावों के अनुभव से बचने के लिए मुझे क्या विश्वास करना होगा?'

अपने भावों को मुक्त करना

ऐसे भावों की सूची तैयार करें, जिन्हें आप छोड़ना चाहेंगे।

शायद आपको लगता होगा कि आप अपने–आप में पूरे नहीं हैं या फिर आपको विलंब की आदत का सामना करना पड़ता हो। या फिर आप स्वयं को अतीत में हुई किसी भूल के लिए दोष देते रहते हों। आपके दिमाग में जो भी आए, उसे लिखें:

–

–

–

–

–

–

–

फिर एक भाव चुनें और स्वयं से पूछें:

- क्या मैं इस भावना को जाने दे सकता हूँ?
- क्या मैं इस भावना को जाने दूंगा? (हाँ या नहीं)
- कब? (अभी)

- मैं जिस भाव से छूटना चाहता हूँ:

अतिरिक्त सुझावः

अपने दिन–प्रतिदिन के जीवन में भी भावों से मुक्त होने का अभ्यास करते रहें।

मन की कंडीशनिंग

प्रतिदिन अपने मन को सकारात्मक विचारों से भरने की आदत डालें। ऐसा भाव चुनें, जिसे आप अपने जीवन में बार–बार अनुभव करना चाहेंगे और संकल्प लें कि आप प्रतिदिन, कम–से–कम तीस दिन तक अपने मन को उसके लिए अनुकूल करेंगे।

भावों के प्रकारः

- आभार
- उत्साह
- आत्मसम्मान
- निश्चितता
- निर्णयता

मेरे भावः

मैं अपने मन को कंडीशन कैसे करूँगाः

उदाहरणः मैं अपनी आँखें बंद करके, उन सभी लोगों को धन्यवाद कहूँगा, जिन्होंने मेरे लिए कोई एक अच्छा काम किया हो।

अपने व्यवहारों में बदलाव के साथ भावों को बदलनाः

याद करें, आखिरी बार ऐसा कब हुआ था, जब आपने किसी ऐसे नकारात्मक भाव का अनुभव किया था, जो दो दिन या उससे ज्यादा समय तक रहा था। उसे इस जगह लिखें:

अब यह लिखें कि आपने विशेषतौर पर उस नकारात्मक भाव से निपटने के लिए क्या किया था?

फिर स्वयं से पूछें, 'मैं अपने व्यवहार को इस तरह कैसे बदल सकता था कि वह मेरे भावों को सकारात्मक तौर पर प्रभावित कर पाता?' उसे इस जगह नीचे लिखें:

अपने वातावरण को बदलना

इस जगह उन गतिविधियों को लिखें, जो आपके हिसाब से आपके भावों को नकारात्मक रूप से प्रभावित कर रही हैं।

उदाहरणः नकारात्मक दोस्त, टीवी, गप्पबाजी, सोशल मीडिया, वीडियो गेम्स आदि।

–

–

–

–

–

–

हर गतिविधि के साथ उससे होने वाले नतीजे लिखें (आपने शर्मिंदगी महसूस की, निरुत्साहित हुए या आत्मसम्मान में कमी आई)

लिखें कि आप अपने मूड में सुधार के लिए क्या कर सकते थे।

–

–

–

–

–

भाग–चारः विकसित होने के लिए अपने भावों का प्रयोग कैसे करें

अपने भावों को कलमबद्ध करें

हर दिन कुछ मिनट यह लिखने के लिए निकालें कि आप कैसा अनुभव कर रहे हैं। फिर स्वयं को एक से दस के पैमाने पर रेटिंग दें। एक रेटिंग का मतलब होगा कि आप सबसे बदतर अनुभव कर रहे हैं और दस का मतलब होगा कि कमाल का अनुभव हो रहा है। सप्ताह के अंत में, स्वयं को कुल मिलाकर देखते हुए निम्नलिखित प्रश्नों के उत्तर दें:

आपने कौन–से नकारात्मक भाव अनुभव किए?

इन भावों की वजह क्या थी (क्या कुछ खास विचारों या बाहरी घटनाओं की वजह से आपने ऐसा अनुभव किया?)

वास्तव में क्या हुआ था?

आपने उस घटना की क्या व्याख्या की थी?

आपको वैसा अनुभव करने के लिए क्या मानने की आवश्यकता थी?

क्या आपके विश्वास सच हैं?

अगर आपने विचारों और घटनाओं की अलग तरह से व्याख्या की होती, तो क्या आप बेहतर अनुभव करते?

आप अपनी निष्पक्ष अवस्था में कैसे वापिस आए?

इसके ठीक बाद क्या हुआ? (क्या आपने अपने विचार बदले, कार्यवाही बदली या ऐसा सहज भाव से हुआ?)

आप उन नकारात्मक भावों को कम करने या घटाने के लिए क्या कर सकते थे?

अपने–आप में अधूरा अनुभव करना

ट्रिगर्स पहचानें

आप किन विचारों से पहचान जोड़ रहे हैं? आपके जीवन के कौन–से हिस्से संबंधित हैं?

निम्नलिखित को लिखें:

वे हालात, जिनमें आपने स्वयं को अधूरा अनुभव किया

–

–

–

–

–

–

–

अपने जिन विचारों से अपनी पहचान जोड़ी (आपकी कहानी)

–

–

–

–

–

–

–

–

अक्षम होने की भावना से उबरना

अपनी उपलब्धियों को दर्ज करना

पहला अभ्यासः अपना जीत लॉग बनाएं

अपनी दैनिक उपलब्धियों को कहीं लिखें। इस अभ्यास के लिए, मैं आपको एक नोटबुक लगाने की राय दूँगा।

- जीवन में जो भी हासिल किया हो, उसे लिखें। सूची में कम–से–कम पचास चीजें हों।
- हर दिन के अंत में, दिन में प्राप्त की गई सभी चीजों के बारे में लिखें।

हर दिन ऐसी पाँच से दस चीजों की सूची तैयार करें।

दूसरा अभ्यास–अपना आत्मसम्मान का जार भरें

आपने जो भी हासिल किया हो, उसे अलग कागज पर लिखें और एक जार में डालें।

तीसरा अभ्यास–एक पॉजिटिव डायरी तैयार करें

आपने जो भी प्रशंसा पाई हो, उसे लिखें। आपके सहकर्मी ने जूतों की प्रशंसा की, उसे लिखें। आपके दोस्त ने बालों की प्रशंसा की, उसे लिखें। आपके बॉस ने कहा कि आपने कमाल का काम किया, उसे लिखें।

प्रशंसा ग्रहण करना सीखें

पहला अभ्यास–प्रशंसा ग्रहण करें

यह सादा–सा अभ्यास आपको प्रशंसा ग्रहण करने में मदद करेगा। जब भी कोई प्रशंसा करे तो उसे कहें:

धन्यवाद (फिर उस व्यक्ति का नाम लें)

ऐसा न कहें–थैंक्यू, पर...। थैंक्यू तुम भी तो कमाल हो, इसमें क्या बड़ी बात है, थैंक्यू

दूसरा अभ्यास–सराहना का खेल

इस खेल का उद्देश्य यही है कि आप अपने बारे में चीजों को सराहें, जिन्हें आपने पहले मान नहीं दिया या नहीं सराहा। अपने साथी को बताएँ कि आपको उनके बारे में कौन–सी तीन चीजें पसंद हैं और उनसे भी वही करने को कहें। जितना संभव हो सके, बिलकुल सटीक शब्दों में बेझिझक अपनी बात कहें।

इस जगह कुछ उदाहरण दिए जा रहे हैं:

- मुझे अच्छा लगा कि आपने नाश्ता कर लिया, हालाँकि सुबह आप कितनी जल्दी में थे।
- मुझे अच्छा लगा कि आज बच्चों को स्कूल से तुम ले आए
- मुझे अच्छा लगता है कि तुम काम से आकर मेरी परेशानियों को भी कितने गौर से सुनते हो।

रक्षात्मक रवैया

जब भी रक्षात्मक रवैया मन में आए, तो स्वयं से प्रश्न करें:

- मैं क्या बचाने की कोशिश में हूँ?
- क्या मैं इस विश्वास से छूट सकता हूँ?
- उस विश्वास के बिना मैं क्या होता?

तनाव / चिंता

तनाव के प्रमुख स्रोतों की सूची तैयार करें

एक सप्ताह में आपके तनाव के क्या कारण रहे, उनके बारे में लिखें। कम–से–कम दस चीजों की सूची तैयार करें

–

–

–

–

–

–

–

–

–

–

–

–

हालात को नए सिरे से व्यवस्थित करें

अब हर चीज के लिए स्वयं से निम्नलिखित प्रश्न करें:

- क्या वे हालात सच में तनावपूर्ण हैं?
- उस खास हाल में तनाव को अनुभव करने के लिए मुझे किस बात पर विश्वास करना पड़ता?
- उस खास हाल में तनाव को अनुभव न करने के लिए मुझे किस बात पर विश्वास करना पड़ता?

अपनी चिंताओं की सूची तैयार करें

जैसाकि आपने तनावपूर्ण परिस्थितियों के लिए किया, उस तरह जीवन (अतीत या भविष्य) में उन चीजों की सूची तैयार करें, जिनके लिए आपको चिंता होती है। हो सकता है कि आप वही लिखें, जो पिछले उदाहरण में था, तो कोई बात नहीं।

हो सकता है कि आपको अपनी सेहत की चिंता हो, आपकी वित्तीय स्थिति, आपका काम, संबंध या परिवार।

अब कम–से कम ऐसी दस चीजों की सूची तैयार करें, जिनकी चिंता आपको एक सप्ताह में होती है:

–

–

–

–

–

–

–

–

–

–

–

–

–

अपनी चिंताओं की छँटनी करें

- तनावपूर्ण हालात की सूची देखें। फिर उनके आगे लिखें–नियंत्रण, थोड़ा नियंत्रण या कोई नियंत्रण नहीं
- अब जिन बातों पर आपका नियंत्रण है, लिखें कि आप उनके बारे में क्या कर सकते हैं। आप कौन–से ठोस कदम उठा सकते हैं?

तनावपूर्ण हालात का नया ढाँचा तैयार करें या उन्हें पूरी तरह से बदल दें

अपनी सूची पर लौटें और उन चीजों को देखें, जिनपर आपका कोई नियंत्रण नहीं है। इस जगह लिखें कि आप उनका नया ढाँचा तैयार करने या उन्हें पूरी तरह से बदलने के लिए क्या कर सकते थे। अगर आप कुछ नहीं कर सकते, तो क्या उन्हें नियंत्रित करने की जरूरत से उबर सकते हैं या उन्हें स्वीकार कर सकते हैं?

लोग क्या कहेंगे, इस बात की चिंता करना

लोग आपके बारे में क्या सोचते हैं, इसके बारे में अपना नजरिया बदलना

पहला अभ्यास–इस बात का अहसास होना कि लोग क्या कहेंगे

यह अभ्यास आपको यह बात समझने में मदद करेगा कि एक गहन स्तर पर अधिकतर लोग आपकी परवाह नहीं करते

किसी ऐसे व्यक्ति का नाम लिखें, जिसे आप जानते हों:

लिखें कि आप दिन–प्रतिदिन की सूची में अक्सर उस इंसान के बारे में क्या सोचते हैं।

अब स्वयं को उस इंसान की जगह रखकर देखें। आपके हिसाब से वह आपके बारे में क्या सोचता है।

वह आपकी कही बात या किये गए काम पर कितना ध्यान देता है।

आपके हिसाब से इस समय वह किस चिंता में है?

इसे कम–से–कम दो लोगों के साथ दोहराएँ:

दूसरा अभ्यास–इस बात का अहसास होना कि आपको परवाह नहीं

- अपने पूरे दिन को ध्यान में रखते हुए उन सभी लोगों को याद करें, जिनसे आप मिले या बात की। हो सकता है कि वह लंच के दौरान होटल में मिला कोई वेटर हो या फिर सड़क पर मिलने वाले लोग।
- अब स्वयं से पूछें कि आपने इस अभ्यास से पहले इन लोगों के बारे में कितना सोचा था।
- इस बात को जानें कि आप दूसरे लोगों के बारे में बहुत अधिक नहीं सोचते; और न ही वे ऐसा करते हैं। इसी बात को ध्यान में रखते हुए स्वयं को मुक्त अनुभव करें।

अपनी आत्मछवि के बहुत अधिक मोह में न रहें

वे सभी बातें नीचे लिखें, जिनके लिए आप जज होने से डरते हैं। हो सकता है कि आपको इस बात की चिंता रहती हो कि लोग आपकी छवि के बारे में क्या कहेंगे या फिर आपको कुछ गलत बोलने का भय सताता हो:

–

–

–

–

–

–

अपनी सूची की हर चीज के लिए लिखें कि आपको उसकी परवाह क्यों है। इस जगह परेशानी क्या है? आप किन छवियों को बचाने की कोशिश में हैं?

–

–

–

–

–

–

नाराजगी से छूटने के लिए चार चरणवाला उपाय

1. अपनी व्याख्या को बदलना या उसका नए सिरे से मूल्यांकन करना

इस जगह लिखें कि असल में क्या हुआ था, जब आपने अपनी व्याख्या को हटा दिया, तो उस जगह कौन–से तथ्य शेष रहे?

2. हालात का सामना करना

अगर आपकी नाराजगी लोगों के लिए है, तो शायद आपको उनके साथ पूरी ईमानदारी से इस बारे में बात करनी चाहिए। अगर आप उस व्यक्ति से प्रत्यक्ष तौर पर बात नहीं कर सकते, तो एक पत्र लिख सकते हैं। चाहे उस पत्र को न भेजें, केवल पत्र लिखने से ही आपको उससे जुड़ी नाराजगी को दूर करने में मदद मिल सकती है।

3. क्षमा करना

अब आपने स्वयं को प्रकट करने का एक माध्यम पा लिया है, अब आप क्षमा कर सकते हैं। लिखें कि आपकी नाराजगी किस तरह आपकी प्रसन्नता और मन की शांति पर हावी हो रही है।

अब कल्पना करें कि जब आप नाराजगी रखना छोड़ देते हैं, तो आपका जीवन कैसा होता और आप कैसा महसूस करते। इसे अभी करें। सब कुछ भूलें और स्वयं को भी क्षमा करें।

4 भूलना

अंत में आपको भूलना भी सीखना है। स्वयं से संकल्प लें कि आप नाराजगी को अपने जीवन से दूर रखेंगे। जब भी मन में ऐसी बात आए, उसे उसी समय बाहर निकाल दें।

डिप्रेशन

अपने शरीर और भावों से नए सिरे से संपर्क जोड़ें।

इनमें से एक या कई काम करें:

- व्यायामः व्यायाम आपके मन को शांत करता है और आपको शरीर से जोड़ते हुए आपके मूड पर सकारात्मक प्रभाव डालता है।
- ध्यानः ध्यान आपके मन को देखने का एक अच्छा उपाय है। इस तरह आप अपने विचारों से जुड़ाव रखना कम कर देते हैं।
- व्यस्त रहना—अगर आप व्यस्त रहें, तो बहुत—सी अनावश्यक चिंता से बच जाते हैं।
- दूसरों पर फोकस करना—डेल कारनेगी अपनी पुस्तक, *हाउ टू स्टॉप वरिंग एंड स्टार्ट लिविंग* में कहते हैं कि 14 दिन में डिप्रेशन को दूर कर सकते हैं, कैसे? बस आपको दो सप्ताह तक किसी एक व्यक्ति की मदद करने के उपाय खोजने होंगे।

ईर्ष्या

यह पहचानें कि आपको किससे ईर्ष्या है?

यह लिखें कि आपको किससे ईर्ष्या है। इससे आपके बारे में क्या पता चलता है और आप जीवन में क्या चाहते हैं?

प्रतियोगिता करने के बजाय सहयोग करें

अतीत में किसी ऐसे समय के बारे में सोचें, जब आपको किसी की उपलब्धि से जलन हुई हो। अब स्वयं से पूछें कि आपको कैसा लगा था। फिर स्वयं से पूछें:

- उस इंसान की मदद करने से आपको कैसा लगता?
- मैं उस इंसान से कैसे सहयोग करता?
- उस इंसान की सफलता मेरे लिए अच्छी क्यों है?

बराबरी वालों में हो तुलना

किसी ऐसे को चुनें, जिससे आप अपनी तुलना कर सकते हों। लिखें कि ऐसे कौन–से काम हैं, जो आपने उस इंसान से बेहतर किए हैं:

मैं कौन–से काम बेहतर करता हूँ:

–

–

–

–

–

–

भय/असुविधा

अपने असुविधाजनक दायरे से बाहर निकलें

- ऐसा कौन–सा काम है, जो मुझे पता है कि मुझे करना चाहिए पर मैं डर की वजह से उसे नहीं कर पाता? वही काम करें।
- रोज एक ऐसा काम करें, जिससे आप थोड़ा असुवधाजनक महसूस करें (बस थोड़ा–सा)

सोलह आसान चरणों में विलंब की आदत से कैसे छुटकारा लें:

1. यह पहचानें कि विलंब की आदत के पीछे क्या छिपा है।

यह ध्यान रहे कि आपको विलंब करने की आदत के पीछे छिपे सारे कारण पहचानने हैं। अपने साथ ईमानदार रहें। अगर आपके अंदर प्रेरणा का अभाव हो रहा है, तो स्वयं से पूछें कि ऐसा क्यों है।

2. स्वयं को याद दिलाना होगा कि आपको काम को टालने के लिए क्या कीमत चुकानी पड़ सकती है।

टालने की आदत कोई छोटी बात नहीं है। इसके लिए आपको प्रत्यक्ष और अप्रत्यक्ष तौर पर कीमत अदा करनी पड़ सकती है।

- इसका प्रत्यक्ष प्रभाव यह होगा कि आप इस ग्रह पर बीते हुए समय में उतना सब हासिल नहीं कर सकेंगे, जितना हासिल कर सकते थे।
- कामों को टालने से आपको एक अप्रत्यक्ष नुकसान यह होगा कि आप अपने बारे में बुरा अनुभव कर सकते हैं।

इस जगह लिखें कि आपको कामों को टालने की क्या कीमत चुकानी पड़ी। इसने आपकी मानसिक शांति पर क्या असर डाला? आपका आत्मसम्मान? आपकी सपनों को साकार करने की योग्यता?

–

–

–

–

–

3. अपनी कहानी सामने लाएँ

अपने सारे बहाने इस जगह लिखें। फिर उन्हें एक–एक कर देखें। उदाहरण के लिए–मेरे पास समय नहीं है, मैं बहुत बूढ़ा हो गया हूँ। मैं इतना स्मार्ट नहीं। मैं बहुत थक गया हूँ, आदि–आदि।

–

–

–

–

–

–

4. अपनी कहानी की समीक्षा करें

अपने बहानों की ओर देखें। अब जब आपने अपनी कहानी को पहचान लिया है, तो अपने पुराने बहानों को हटाने के लिए एक नई और सशक्त करने वाली कहानी रचें। इस जगह दिये गए उदाहरण देखें:

- मेरे पास इसके लिए समय नहीं है: मैं अपने संकल्प के लिए समय निकालकर उसे अवश्य पूरा करता हूँ।
- मैं बहुत थका हुआ हूँ–मेरा अपने मन पर नियंत्रण है और मेरे पास मेरी सोच से कहीं ज्यादा ऊर्जा है। जब मैं किसी काम को करना तय करता हूँ, तो उसे निश्चित तौर पर पूरा करता हूँ।

अपनी नई कहानी के आसपास मंत्र और अभिकथन रचें। उन्हें हर सुबह दोहराएँ और दिन में तब तक दोहराते रहें, जब तक वे आपकी पहचान का हिस्सा न हो जाएँ।

5. अपना 'क्यों' स्पष्ट करें।

उस एक काम को देखें, जिसे आप नियमित रूप से टालते आ रहे थे। ऐसा क्यों है? यह लिखें कि आप इसे अपने विजन का हिस्सा कैसे बना सकते हैं?

6. वे तरीके पहचानें, जिनसे आप अपना ध्यान बंटाते हैं।

उस एक खास काम पर देरी करने के लिए आपके अपने कौन–से तरीके हैं?

उदाहरण–सैर पर जाना, यू ट्यूब पर वीडियो देखना और फेसबुक चेक करना, आदि–आदि।

मैं कामों को कैसे टालता हूँ।

7. अपनी गहरी इच्छा के साथ रहें।

जब आपको लगे कि आप काम में कोई बाधा देना चाहते हैं, तो उस इच्छा के साथ रहें। आपने कैसा अनुभव किया? स्वयं को उन भावों के बीच रहने की अनुमति दें। अपनी परख न करें। खुद को दोषी न ठहराएँ। जो है, उसे स्वीकारें। जब आप ऐसा करते हैं, तो अपने मन पर बेहतर नियंत्रण पा सकते हैं।

8. जो भी करें, उसे रिकॉर्ड करें।

आप जो भी करें, उसे एक सप्ताह तक रिकॉर्ड करें। फिर यह देखें कि आपने अनुत्पादक गतिविधियों को कितना समय दिया।

9. आप जो भी करते हों, उसके पीछे एक स्पष्ट मंशा रखें।

किसी भी काम को करने से पहले आपको पता होना चाहिए कि आप करना क्या चाहते हैं। स्वयं से पूछें, मैं इस जगह क्या पाने की कोशिश कर रहा हूँ।

10. अपना वातावरण तैयार करें।

आपका मन मुश्किल काम करना पसंद नहीं करता। इसे हर काम आसान तरीके से करना है। इस तरह आपको यह देखना चाहिए कि आप काम की हर बाधा दूर करते हुए उस पर काम शुरू कर सकें।

अब यह लिखे कि जरूरी कामों को आसान बनाने के लिए आप क्या–क्या कर सकते हैं:

11. शुरुआत हो छोटी

अपने कामों को छोटा करने से आपको काम टालने की आदत से छुटकारा मिलेगा। इतना ही नहीं, इस तरह आपके जीवन की गति बनी रहेगी।

अपने जरूरी कामों के छोटे हिस्से करेंः

12. तत्काल जीत हासिल करें।

प्रतिदिन छोटे लक्ष्य बनाते हुए उन्हें लगातार कुछ सप्ताह तक पूरा करें। जब आप ऐसा करेंगे, तो इससे आपका आत्मसम्मान बढ़ेगा और आप आने वाले समय में और चुनौतीपूर्ण कामों को करने के लिए स्वयं को उपयुक्त कर सकेंगे।

अपने कामों के लिए मिलने वाली तत्काल जीत के बारे में लिखें (एक से तीन काम चुनें)

13. बस काम शुरू कर दें।

अक्सर जब आप कोई काम करना शुरू करते हैं, तो उसके बाद आप प्रवाह में आ जाते हैं। ऐसा करने के बाद काम प्रयासहीन हो जाता है।

अपनी तत्काल जीत पर नजर रखें। जो भी पहले लिखा, उसे ध्यान में रखते हुए इन कामों को शुरू करें।

14. अपने समर्थन में दैनिक आदतें तैयार करें।

अगर आप जरूरी कामों को टाल रहे हैं, तो सुबह उठते ही पहले उन्हें पूरा करें। नीचे ऐसा कोई एक काम लिखें, जिसे आप सुबह उठते ही पूरा करना चाहेंगे:

मेरा एक काम:

15. मानसिक चित्रण का प्रयोग करें।

आप चाहें तो विलंब की आदत से छुटकारा पाने के लिए मानसिक चित्रण का प्रयोग कर सकते हैं। इस जगह आपको ऐसा करने के लिए दो उपाय दिए जा रहे हैं:

1. स्वयं का काम करते हुए मानसिक चित्रण करें। इससे पहले कि काम शुरू हो, स्वयं को इस पर काम करते हुए मानसिक चित्रण करें।

2. कल्पना करें कि आप वह काम कर रहे हैं और आपने उसे पूरा कर लिया है। काम पूरा होने पर आपको कैसा अनुभव होता? आप आजाद महसूस करते? खुश होते या आपको गर्व का अनुभव होता?

अतिरिक्त सलाह

हर बार, जब भी कोई चुनौतीपूर्ण काम करें, तो कुछ सेकेंड तक विचार करें कि इससे आपको कैसा अनुभव हुआ। खुद को याद दिलाते रहें कि जब भी कोई मुश्किल काम शुरू करना है, तो उसी अहसास को याद करना है।

16. उत्तरदायित्व तैयार करें।

आप अपने जरूरी कामों और लक्ष्यों के लिए उत्तरदायित्व कैसे तैयार कर सकते हैं, जैसे आपके पास एक उत्तरदायी साथी हो, एक कोच, आप हर सप्ताह अपने लक्ष्यों की सूची दोस्त को भेजें, आदि–आदि।

प्रेरणा का अभाव

एक सिस्टम बनाना

जब आपके अंदर प्रेरणा का अभाव हो, कार्यवाही करने में मदद के लिए आपके पासः

- एक ऐसा सिस्टम होना चाहिए, जो आपको लक्ष्यों के साथ अनुकूल होकर चलने में सहायक हो सके।
- जब आपका काम करने का मन न हो, तो उस समय आपको आत्म–अनुशासन की मदद लेनी होगी ताकि आप काम पर लौट सकें।
- अपने लिए प्रेम और करुणा का भाव रखें, खुद को दोषी ठहराने से कुछ नहीं होगा।

आप अपने लक्ष्यों के अनुरूप चलने के लिए कौन–सी दिनचर्या का पालन कर सकते हैं, जैसे–सकारात्मक अभिकथनों के साथ सुबह की शुरुआत, आपके सबसे जरूरी कामों को करने के लिए सुबह–सुबह उनका मानसिक चित्रण करना आदि।

आत्म–अनुशासन को विकसित करने के लिए, आप कौन–से काम अगले तीस दिन तक रोज सुबह करना चाहेंगे?

मेरे कामः

आप प्रेरणा का अभाव अनुभव करने पर कौन–से प्रोत्साहनपूर्ण शब्दों या मंत्रों का प्रयोग स्वयं को प्रोत्साहित करने के लिए करना चाहेंगे?